LE VERITABLE AMI,

COMEDIE

En trois Actes & en Profe,

Par M. le Docteur CHARLES GOLDONI, Avocat.

Traduite de l'Italien en François

*Par M. l'Abbé * *, Chanoine de l'Eglife de Saint - Luc.*

In quibus hoc mirabile nimis quod ad-
verfus ventum mingentibus tibiæ
numquam irrorentur.

Ariftoteles de Animalibus Libr. IV.

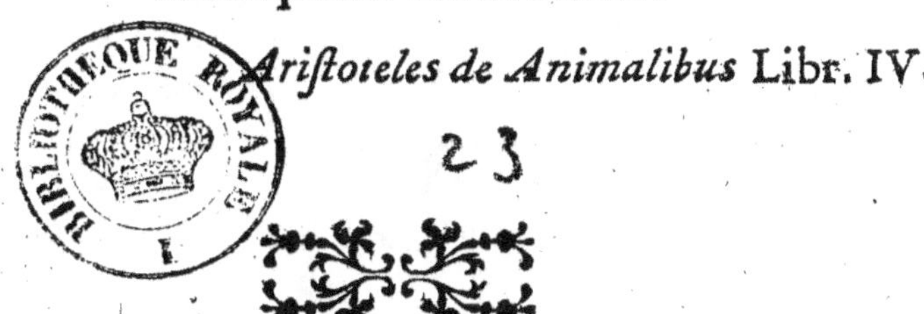

A AVIGNON, 1758.

Et fe vend à LIEGE chez ETIENNE BLEICHNARR,
fous les Piliers, à l'Image de S. Potentien.

A MADAME
LA COMTESSE
DE ***.

ADAME,

*Le VERITABLE AMI vous a de véritables obligations. Il vous doit, en grande * partie, la brillante ré-*

* Je dis en grande. Ce qu'il doit, en partie quoique moindre, à d'autres Dames de distinction, trouvera sa place dans une de mes suites sur M. *Goldoni*, publiées dans le *Mercure de France*, volume de *Juin* 1758 & suiv.

EPITRE.

putation dont il jouit en France depuis, environ, plus d'un an. Sous vos
auspiees, jusqu'où ne s'étendra-
t-elle pas aujourd'hui, si, comme
vous avez daigné me le vouloir soutenir; & comme je n'ose pourtant
m'en flatter, ma traduction rend,
en quelque façon, parfaitement la
beauté de l'original ?

Mais sans m'étendre inutilement
sur une chose que vous avez décidée,
ce seroit ici le lieu, MADAME, de
me vanter de vos bontés. Helas, vous
m'avez ordonné de les renfermer dans
mon cœur. Que cette place, MA-
DAME, est étroite pour ma recon-
noissance ! Et votre ordre n'est-il pas
aussi un peu trop cruel ?

S'il étoit vrai, comme vous m'avez fait la grace, de me l'assurer quelquefois, que, quoiqu'il n'y eût rien de si rare & de si précieux que le talent de dire finement ; il n'avoit pourtant pas absolument, été [comme je le prétends, moi,] enterré avec feu M. de Fontenelle, j'oserois tenter de tromper la finesse de votre tact, & de désobéir, [sans qu'il y parût,] à l'ordre cruel en question. Mais je me sens, MADAME, & je me rends justice. Puisse du moins cette foible traduction engager le Public à penser comme vous, [il s'en fait gloire, MADAME, pour tout le reste,] au sujet de ce qui a été enterré, ou non, avec feu M. de Fontenelle.

Mais que ne vous doivent pas les

EPITRE.

lettres, les talens & les arts ? Tout
s'anime sous l'ombre [*] bienfai-
sante de vos aîles ; près de vous tout
fleurit, tout prospére. Et l'Auteur,
& l'Acteur, & le Critique, & le
Sçavant, & le bel Esprit, & le Phi-
losophe, vont puiser dans votre goût
les moyens infaillibles de plaire.
Vous inspirez le Poëte : le Critique
reçoit ses oracles de votre bouehe.
Sans prétention & sans effort, pan-
chée seulement, la plûpart du tems, sur
votre métier, ayant à votre droite
la Justice, la Raison à gauche, l'I-
magination derrière, les Graces de
côté, vous prononcez, & le Public
souscrit.... Mais je m'oublie encore. Ne pourrai - je donc jamais

* Sub umbra alarum tuarum. *Fameuse devise.*

EPITRE.

venir à bout de ce foible talent d'é-
baucher des tableaux, dont vous dai-
gnez me gronder si souvent ; sans
désirer, [je répéte vos paroles mot
pour mot,] toutefois dans le fond,
que je m'en corrige. Pardonnez,
MADAME, cet essor involon-
taire à l'imagination d'un homme
trop plein de son Fontenelle, de son
Goldoni, & [par où j'aurois dû
commencer] de vous.

Je suis avec le plus profond respect,

MADAME,

Votre très-humble, & très-
obéissant serviteur ** Chanoine.

PERSONNAGES.

FLORINDE, Ami de Lélio.

OCTAVE, Vieillard avare, pere de Rosaure.

ROSAURE, deſtinée pour épouſe à Lélio.

COLOMBINE, Femme de chambre de Rosaure.

TRAPPOLA, Valet d'Octave.

TRIVELLE, Valet de Florinde.

LELIO, deſtiné pour époux à Rosaure.

BEATRIX, Sœur de Lélio, amou-reuſe de Florinde.

Un Domeſtique de Lélio, perſonnage muet.

La Scène eſt à Bologne.

LE
VERITABLE AMI.
COMEDIE.

ACTE I.

SCENE PREMIERE.

Dans un appartement de la maison de Lelio.

Florinde *se promene seul & rêve ; puis il dit :*

Oui, il vous faut ici du courage : il faut prendre une résolution héroïque. L'amitié doit prévaloir ; il faut sacrifier à la vraie amitié ses propres passions, ses propres satisfactions, sa vie même, s'il est nécessaire. Hola, Trivelle.

SCENE II.

TRIVELLE, FLORINDE.

TRIVELLE.

MOnsieur.

FLORINDE.

Vîte, fais mes paquets, va à la Poste, & commande une chaise pour le midi.

TRIVELLE.

Et pour où, s'il m'est permis de le demander ?

FLORINDE.

Je retourne à Venise.

TRIVELLE.

Si inopinément ? Vous est-il arrivé quelque malheur, quelqu'avanture fâcheuse ?

FLORINDE.

Pour ce moment je n'ai rien de plus à te dire : pendant la route je te conterai tout.

TRIVELLE.

Ah, mon cher maître, excusez si un serviteur s'avance trop ; mais vous connoissez ma fidélité ; & vous vous rappellerez que M. votre oncle en vous permettant de faire ce voyage, a voulu que

j'euffe l'honneur de vous y fervir par préférence,
comme vieux domeftique de la maifon ; qu'il
eut la bonté de me dire qu'il fe fioit à moi fur tout,
& qu'il mettoit fes efpérances fur mes fidéles fer-
vices. Au nom de Dieu, faites-moi part des motifs de votre réfolution, afin que je puiffe affurer
M. votre oncle que vous avez eu de bonnes rai-
fons pour un départ précipité auquel on trouvera
fûrement à redire.

FLORINDE.

Mon cher Trivelle, le tems paffe, & je ne puis
le perdre en longs difcours pour te faire part des
motifs de mon départ. Contente - toi pour cette
fois de faire à ma fantaifie. Va commander la
chaife, & pendant le voyage, je te conterai tout.

TRIVELLE.

Ces Meffieurs qui fonr ici vos hôtes, fçavent
fans doute que vous partez ?

FLORINDE.

Ils l'ignorent ; mais en deux mots je le leur apprends, je prends congé, je les remercie, & je
pars.

TRIVELLE.

Que voulez - vous, Monfieur, qu'ils penfent
d'une réfolution fi imprévue ?

FLORINDE.

Je leur dirai qu'une lettre de mon oncle m'oblige
de partir fur le champ.

a ij

TRIVELLE.

Votre départ fâchera beaucoup Mademoiselle Béatrix, car elle vous voyoit avec bien du plaisir.

FLORINDE.

Mademoiselle Béatrix a son mérite, & n'est point une personne à dédaigner assurément ; mais elle ne pourra me retenir.

TRIVELLE.

Peut-être ferez-vous encore plus de peine à son frere, Monsieur Lelio.

FLORINDE.

Monsieur Lelio est l'ami le plus cher que j'aie au monde. Je ne suis pas moins chagrin de le quitter ; mais je ne puis m'en dispenser. Pour l'amour de lui j'ai quitté Venise & je suis venu à Boulogne. A Venise je l'ai gardé dans ma maison, & l'ai traité comme mon propre frere : nous nous sommes juré une amitié parfaite. Aujourd'hui je suis dans sa maison, j'y ai resté presque un mois, il voudroit m'y retenir encore ; mais je ne puis m'arrêter plus long-tems. Vîte . . . . . fais moi ce plaisir. Va commander la chaise.

TRIVELLE.

Mais attendez au moins que M. Lelio soit de retour à la maison.

FLORINDE.

Quoi, il n'y est pas ?

TRIVELLE.

Non Monsieur.

FLORINDE.

Où peut-il être à présent ?

TRIVELLE.

J'ai entendu dire qu'il étoit allé faire voir une bague à Mademoiselle Rosaure qu'il doit épouser.

FLORINDE.

(Ah Ciel !) Vîte, ne perdons point de tems ; cours à la Poste : il n'est pas loin de midi.

TRIVELLE.

Oh, il vous manque encore plus de trois heures. Si vous voulez, Monsieur, vous avez le tems d'aller trouver M. Lelio chez Mademoiselle Rosaure.

FLORINDE.

Oui .... Mais non. Je le verrai ici.

TRIVELLE.

Mais s'il ne rentroit pas, voudriez-vous partir sans lui dire adieu ?

FLORINDE.

Cela ne convient pas. Je vais le faire avertir.

TRIVELLE.

Pourquoi, Monsieur, ne pas l'aller trouver ? Vous sçavez qu'on vous a toujours vu de bon œil dans la maison de Mademoiselle Rosaure.

FLORINDE *tirant sa montre.*

Regarde , il est déja dix heures.

TRIVELLE.

Il me semble , Monsieur , que vous ne pouvez honnêtement partir sans faire une visite dans cette maison.

FLORINDE.

Je n'en ai pas le tems , je ne puis m'arrêter d'avantage.

TRIVELLE.

Il faut convenir que cette Mademoiselle Rosaure vous a marqué bien des attentions : En verité , Monsieur , on auroit dit qu'elle étoit amoureuse de vous.

FLORINDE.

O Ciel , Trivelle ! oh Ciel ! cesse de me tourmenter.

TRIVELLE.

Comment Monsieur , que voulez-vous dire ?

FLORINDE ... (*agité* **).**

De grace une chaise , partons.

TRIVELLE.

Bon Dieu quelle agitation ? Il change de couleur à chaque instant ; on diroit que le nom de Mademoiselle Rosaure lui donne la colique.

FLORINDE.

Va t'en , & sois moins discoureur. Quand un

Maître donne ſes ordres , il faut obéir ſans tant de répliques.

TRIVELLE *(d'un air ſérieux en ſortant.)*
Excuſez.

FLORINDE.
Où vas-tu ?

TRIVELLE *(de même).*
Commander la chaiſe.

FLORINDE.
Viens ici.

TRIVELLE.
Me voici.

FLORINDE.
Qu'on m'en choiſiſſe une bonne.

TRIVELLE.
J'y ferai de mon mieux.

FLORINDE.
Tâche de voir Lelio , & dis-lui que je pars.

TRIVELLE.
Vous ſerez obéi.

FLORINDE.
Où le chercheras-tu ?

TRIVELLE.
Chez ſa future.

FLORINDE.
Chez Roſaure ?

TRIVELLE.

Oui, chez elle.

FLORINDE.

Si tu la vois, présente lui mes respects.

TRIVELLE.

Ne dirai-je rien de votre départ ?

FLORINDE.

Non

TRIVELLE.

Rien ?

FLORINDE.

Si, si . . .

TRIVELLE.

Lequel des deux ?

FLORINDE.

Dis lui . . . Non, non ; ne lui dis rien.

TRIVELLE.

Vous voulez donc partir, Monsieur, sans qu'elle le sçache ?

FLORINDE.

Il faudroit. . . . mais j'apperçois Béatrix : va-t-en.

TRIVELLE,

Enfin, comment me comporterai-je ?

FLORINDE.

Reste, ne va nulle part.

TRIVELLE.

Vous ne voulez plus de chaise ?

FLORINDE.

La chaife ? Si ; & fur le champ.

TRIVELLE.

Mais . . . .

FLORINDE.

Cours, & laiffe moi tranquille.

TRIVELLE.

J'ai peur que mon Maître ne foit amoureux de Rofaure , & que pour ne pas faire tort à fon ami, il ne fe détermine à s'en aller. Si cela eft ainfi , on peut bien dire que Monfieur Florinde eft un véritable ami. (*il part*)

SCENE III.

FLORINDE *feul*.

JE ne partirai point fans voir mon ami : j'attendrai qu'il foit rentré & je l'embrafferai ; mais partirai-je fans voir Rofaure , fans lui dire adieu ? . . Oui ; ces deux fentimens fi différens, doivent auffi être traités differemment. L'amitié veut être cultivée avec toute la délicateffe poffible ; & l'amour veut être vaincu par un effort violent... Mais voici Béatrix : je veux diffimuler mon trouble, & me montrer gai pour éloigner les foupçons

SCENE IV.

BEATRIX, FLORINDE.

BEATRIX.

COmment se porte M. Florinde ce matin ?

FLORINDE.

Fort bien , Mademoiselle ; je me disposois à vous rendre mes respects.

BEATRIX.

Avez-vous quelque chose à me dire ?

FLORINDE.

J'ai à vous demander pardon des incommodités que j'ai causées ici depuis si long-tems, à vous rendre grace de toutes les bontés que j'y ai éprouvées de votre part, & à vous prier de me donner vos ordres pour Venise.

BEATRIX.

Comment , pour Venise ? quand ?

FLORINDE.

Dans le moment même. Je viens de commander les chevaux.

BEATRIX.

Vous badinez.

FLORINDE.

Non Mademoiselle. En vérité cela est ainsi.

(11)

BEATRIX.

Mais pourquoi cette résolution subite ?

FLORINDE.

Une lettre que je viens de recevoir de mon oncle, m'oblige de partir à l'instant.

BEATRIX.

Mon frere en est-il instruit ?

FLORINDE.

Je ne le lui ai point encore appris.

BEATRIX.

Il ne vous laissera point partir.

FLORINDE.

J'espère qu'il ne s'y opposera pas.

BEATRIX.

Certainement il n'y pourra consentir.

FLORINDE.

Un aussi bon ami que Monsieur Lelio se rendra à mes raisons : il ne voudra pas qu'un plus long séjour à Boulogne nuise à mes affaires à Venise.

BEATRIX.

Si mon frere vous laisse aller , je ferai moi tous mes efforts pour vous retenir.

FLORINDE.

Je ne sçais que dire ? Vous me parlez, Mademoi-selle, d'une maniere à n'y rien comprendre ; par quelle raison voudriez-vous me retenir ?

BEATRIX.

Avant de partir , rendez-moi ce que vous m'avez pris.

FLORINDE.

Comment ? moi , je vous aurois dérobé quelque chofe ?

BEATRIX.

Il eft trop vrai.

FLORINDE.

Réellement ? Faites-moi la grace de me dire ce que c'eft.

BEATRIX.

Je rougis de le dire.

FLORINDE.

Si je fuis le voleur , c'eft à moi à rougir , & non à vous.

BEATRIX.

Vous m'avez volé mon cœur.

FLORINDE.

Je me raffure. Ce larcin du moins ne peut être regardé comme un crime.

BEATRIX.

Non ? Et pourquoi ?

FLORINDE.

Parce que la volonté feule caracterife le crime. Si j'ai volé , ç'a été fans deffein : dès lors je n'ai commis aucune faute, & ne puis être sujet à aucune peine.

BEATRIX.

Si vous n'avez pas desiré d'obtenir mon cœur, moi j'ai desiré le vôtre.

FLORINDE.

Croyez moi, Mademoiselle, faisons un arrangement utile à tous les deux : reprenez votre cœur, & laissez-moi le mien. Vous restez à Boulogne, je vais à Venise, & le Ciel sçait si nous nous reverrons jamais.

BEATRIX.

Je vous aimerai éternellement.

FLORINDE.

C'est une faveur que je ne mérite pas.

BEATRIX.

Et vous êtes obligé de repondre à mon amour.

FLORINDE.

C'est ce qui me semble un peu difficile.

BEATRIX.

Oui, vous ne pouvez vous dispenser d'y repondre.

FLORINDE.

Vous me ferez plaisir, Mademoiselle, de m'en dire la raison.

BEATRIX.

Une femme qui a pu se vaincre jusques-là &

qui à pû révéler le secret de son amour ; ne mérite pas d'être ainsi vilainement dedaignée.

FLORINDE.

Je ne vous ai point arraché le secret.

BEATRIX.

Je l'ai gardé un mois entier ; je n'ai pû y résister plus long-tems.

FLORINDE.

Si vous l'aviez gardé un mois & un jour, ç'eut été encore mieux.

BEATRIX.

Je ne me répens point d'avoir parlé.

FLORINDE.

Non ? Et pourquoi ?

BEATRIX.

Parce que je me flatte que vous m'aimerez à votre tour.

FLORINDE.

Mademoiselle , je pars demain.

BEATRIX.

Voilà mon frere.

FLORINDE.

Il arrive à propos. Je prendrai congé , & j'en partirai d'autant plus vîte.

SCENE V.

LELIO & les précédens.

LELIO.

MOn ami, j'apprends de votre domestique une nouvelle qui me surprend : quoi vous voulez partir, nous quitter ainsi ?

FLORINDE.

Ne vous y opposez pas, mon cher Lelio, si vous m'aimez.

LELIO.

Certes, ce ne seroit pas vous aimer que de préférer le plaisir de vous posseder à l'urgence de vos affaires. Je ne sçais que dire, je vois qu'il faudra vous laisser partir ; cependant j'attends une grace de vous.

FLORINDE.

Ordonnez : que ne ferai-je pas pour une personne qui m'est aussi chere ?

BEATRIX.

Comment mon frere, vous auriez la foiblesse de le laisser partir ? Sçavez-vous pourquoi il nous quitte ? Par une fausse délicatesse. Il y a un mois, m'a-t'il dit, que je suis dans votre maison ; il est tems que je vous débarrasse de cette incommo-

dité .... Eſt-ce ainſi qu'on en agit avec ſes amis ?
Reſtez, Monſieur, deux mois, quatre mois, un an :
vous êtes le maître ici. N'eſt-il pas vrai, mon
frere ?

LELIO.

Oui, mon cher Florinde, cette maiſon eſt la
vôtre : reſtez-y, je vous en prie ; ne me faites pas
le tort de croire que vous y cauſiez la moindre
incommodité. Vous voyez que je ne me gêne
en rien avec vous.

FLORINDE.

Je le ſçais, & le vois à merveille ; mais je vous
demande pardon, il faut que je m'en aille.

LELIO.

Je ne ſçais que dire.

BEATRIX *à Lelio.*

Engagez-le à vous dire ſes raiſons.

LELIO.

Quels ſont donc les motifs de votre départ,
mon cher ami ?

FLORINDE.

C'eſt que mon oncle eſt fort mal, & je veux
être à Veniſe avant ſa mort.

LELIO.

Je ne puis vous blâmer.

BEATRIX.

Mais voyez un peu, c'eſt un artifice. Tout à
l'heure

l'heure il m'a dit qu'une lettre de son oncle l'o-
bligeoit de partir. A présent il dit que son oncle est
mourant.

FLORINDE.

Je vous aurai dit qu'une lettre où il est question
de mon oncle, m'appelle à Venise.

BEATRIX.

Ne me changez pas les cartes dans la main.

FLORINDE.

Je vous en assure de nouveau.

BEATRIX.

Montrez-nous certe lettre & nous verrons la
vérité.

FLORINDE.

Mademoiselle, j'en suis cru par Monsieur Lelio sur ma parole, sans produire de lettres, ni de
témoins.

BEATRIX.

Vous voyez le menteur, vous le voyez ? Il veut
partir parce qu'il s'ennuie avec nous.

LELIO *à Florinde.*

Seroit-il possible que mon amitié vous cau-
fât de l'ennui ?

FLORINDE.

Mon ami, vous me faites tort de parler ainsi.

LELIO.

Mais pourquoi voulez vous donc partir ?

FLORINDE.

Je ne puis faire autrement.

BEATRIX.

J'espere, Monsieur, qu'avant de partir je vous reverrai.

FLORINDE.

Avez-vous, Mademoiselle, quelques ordres à me donner ?

BEATRIX.

Oui, je veux vous charger d'une commission pour Venise.

FLORINDE.

Avant de partir j'irai prendre vos ordres.

BEATRIX.

(Si je puis lui parler encore une fois en liberté, j'espere qu'il se rendra à mon amour, & qu'il ne pourra s'en défendre.)   *Elle sort.*

SCENE VI.

FLORINDE & LELIO.

FLORINDE.

JE vous le repete, mon cher Lelio, mon départ est indispensable, & ce sera une marque de votre amitié de me laisser partir, sans me presser davantage.

LELIO.

Je ne sçais que dire. Allez donc puisque cela vous convient ainsi : mais dès le commencement de notre conversation j'avois une grace à vous demander.

FLORINDE.

Je me suis engagé à vous satisfaire ; & je vous le promets encore.

LELIO.

Différez votre départ jusqu'à demain.

FLORINDE.

Je ne puis vous refuser ; mais assurement il me seroit plus agréable de partir en ce moment.

LELIO.

Demain vous partirez : aujourd'hui j'ai besoin de vous.

FLORINDE.

Disposez de moi : à quoi puis - je vous être utile ?

LELIO.

Vous sçavez que je dois épouser Rosaure.

FLORINDE. *à part.*

(Je ne le sçais que trop.)

LELIO.

Dites, ne le sçavez vous pas ?

FLORINDE *se contraignant.*

Pardonnez-moi, j'en suis informé.

b ij

LELIO.

Vous n'ignorez pas que ma famille eſt peu riche : j'eſpere accomoder mes affaires avec les ſix mille écus de dot que lui promet ſon pere. Mais indépendamment de l'intérêt cette jeune perſonne eſt aimable & me plaît tout-à-fait.

FLORINDE *à part.*

(Il me fait mourir.)

LELIO.

Que dites-vous ? N'eſt-il pas vrai ? Ne la trouvez-vous pas d'une figure charmante ? N'êtes-vous pas enchanté de ſon eſprit ?

FLORINDE *à part.*

(Que je ſuis malheureux !)

LELIO.

Comment, vous ne la trouvez pas belle ?

FLORINDE.

Oui, elle eſt belle.

LELIO.

Elle a montré du goût pour moi, & pendant quelque tems elle m'a paru aſſez contente de moi. Mais depuis pluſieurs jours ſes maniéres avec moi ſont changées ; ſes diſcours ne ſont plus obligeans ; elle me traite fort froidement ; & l'on diroit que l'averſion a pris la place de l'amour.

FLORINDE *à part.*

(Ah que je crains d'en être la cauſe.)

LELIO.

Quelqu'adreffe que j'aie employée pour lui arracher la vérité, je n'ai pû y réuffir. Je me fuis avancé jufqu'à lui dire que fi le projet de notre mariage ceffoit de lui plaire, nous étions encore libre d'y renoncer.

FLORINDE. *avec vivacité.*

Et qu'a-t-elle répondu ?

LELIO.

Que cet engagement avoir été fait par fon pere, & qu'elle n'avoit pas le droit de le rompre ; que fi je n'étois pas content, je pouvois m'expliquer avec lui.

FLORINDE.

Cette réponfe eft d'une fille fage & prudente.

LELIO.

D'accord ; mais elle eft de quelqu'un qui ne m'aime pas.

FLORINDE.

Allons donc, mon cher ami. Vous vous mettez dans la tête qu'elle ne vous aime pas. Les femmes font fujettes à quelques petits caprices : il eft des momens où tout leur déplaît. Il faut les connoître & fe regler là-deffus ; les feconder lorfqu'elles font de bonne volonté, & ne pas les fatiguer quand elles font de mauvaife humeur.

(22)

LELIO.

Vous avez raifon les femmes font inégales.

FLORINDE.

Et nous que fommes-nous donc ? Parlons de
bonne foi , mon ami , n'avez vous jamais éprouvé
en préfence de celle que vous aimez , de ces momens de tiédeur où vous auriez voulu ne point lui
parler ? Pourquoi voulez-vous qu'une jeune perfonne ait fans ceffe la même humeur ? qu'elle foit
enjouée lorfque quelque peine fécrete la diftrait ?

LELIO.

Eh bien : faites-moi donc un plaifir , allez voir
Rofaure , faites enforte que la converfation tombe fur moi . . .

FLORINDE.

Mon cher Lelio, difpenfez-m'en, je vous en fup-
plie : je n'ai nulle envie d'aller chez Rofaure.

LELIO.

Comment ? partirez-vous fans faire d'adieux
dans une maifon où vous avez été tous les jours ?
D'ailleurs le pere de Rofaure eft votre ami.

FLORINDE.

Je fuis extrêmement preffé : vous vous charge-
rez de mes complimens pour eux.

LELIO.

Ne partant que demain , vous avez le tems
d'acquiter vous-même ce devoir.

(23)

F L O R I N D E.

Il feroit néceffaire que je partiffe en ce moment.

L E L I O.

Vous m'avez promis de différer jufqu'à demain.

F L O R I N D E.

Oui, je refterai ; mais je n'ai nulle envie de complimenter perfonne.

L E L I O.

Vous me faites croire que vous ne voulez pas revoir Rofaure pour quelque raifon fécrete.

F L O R I N D E.

Que pouvez vous imaginer ? Je fuis homme d'honneur, je fuis votre ami, & vous avez tort de former des foupçons fâcheux contre moi.

L E L I O.

Je crains que vous n'ayez reçu quelque déplai-fir de fon pere.

F L O R I N D E.

Il fuffit ; je n'en fçais rien. Je pars demain, & nous pafferons ici la foirée entre nous.

L E L I O.

Octave, pere de Rofaure, eft un homme mef-quin, avare, indifcret, capable pour quelque maxime bizarre d'œconomie de donner du dégoût à fes amis fans aucuns égards.

F L O R I N D E.

Qu'il foit comme il voudra ! Il eft vieux, il n'a que cette fille, & s'il épargne, c'eft pour vous.

b iv

L E L I O.

Mais s'il vous a mécontenté je veux lui en parler : qui offense mon ami, m'attaque moi-même.

F L O R I N D E.

Non , je n'ai point à m'en plaindre.

L E L I O.

En ce cas allons chez lui.

F L O R I N D E.

Voulez-vous m'obliger ? dispensez-moi de cette visite.

L E L I O.

Rosaure aura donc commis à votre égard quelqu'impolitesse.

F L O R I N D E.

Elle en est incapable avec qui que ce soit.

L E L I O.

S'il est ainsi , vous n'avez aucune raison de me refuser : allons la voir en ce moment.

F L O R I N D E.

Mais non, mon cher Lélio . . . .

L E L I O.

Ami, si vous persistez , vous me ferez soupçonner quelque chose de pire.

F L O R I N D E *à part.*

Puisqu'il n'y a point de reméde , il faut aller.

L E L I O.

Que me répondez vous ?

FLORINDE.

Que j'ai la tête embarrassée, que je n'ai nulle
envie de converser, & que par complaisance pour
vous, je me laisserai entraîner où vous voudrez.

LELIO.

Allons donc, mais auparavant écoutez ce que
je veux de vous.

FLORINDE.

Parlez, que désirez-vous ?

LELIO.

Je veux que vous sondiez avec art le cœur de
Rosaure ; que vous ameniez la conversation à ce
qui me regarde ; que vous tâchiez de la désabuser
si elle a reçu sur mon compte de mauvaises im-
pressions. Mais si elle a pris son parti de ne pas
m'aimer, je veux que vous lui disiez de ma part,
que ne m'aimant pas, elle n'est pas digne de moi.

FLORINDE.

Je ne vaux rien pour ces sortes d'affaires.

LELIO.

Oh, je sçais combien vous êtes franc; vous brillez
dans ces occasions. Je n'ai point d'ami plus intime
que vous : avant de nous quitter rendez moi ce
service. Je vous le demande au nom de cette
amitié que vous professez à mon égard ; & je ne
puis croire que vous me laissiez avec le déplaisir
de croire que vous n'avez plus les mêmes sentimens.

FLORINDE.

Vos prieres font trop preffantes, je n'y puis réfifter : allons où il vous plaît, vous ferez obéi,
(Le dépit me fuffoque, & le mal eft fans remede.)

LELIO.

Mon cher ami, vous me rendez la vie. Je vous
accompagnerai jufqu'à la maifon, & vous y laifferai en toute liberté.

FLORINDE *à part.*

(Helas, comment pourrai-je y réfifter ?)

LELIO.

J'attends de vous le repos de mon ame. Vous
me donnerez vos confeils ; je les fuivrai, foit qu'il
faille renoncer à Rofaure , ou accélerer notre
mariage. *Il fort.*

FLORINDE.

Mes confeils feront ceux d'un ami fidele. L'amitié triomphera, & s'il le faut, je lui facrifierai &
mon cœur & ma vie. *Il fort.*

S C E N E VII.

Dans un Appartement de la maison
d'Octave.

OCTAVE, enfuite TRAPPOLA.

*Octave ramaſſant toutes les petites
choſes qu'il trouve parterre.*

CE morceau de papier ſera bon pour envelopper
quelque choſe : cette ficelle pourra ſervir à lier
quelque ſachet … Dans cette maiſon tout ſe perd,
& ſi je n'y prenois garde, je ſerois bien à plaindre.

Trappola marchant fort avec un panier à la main.

Octave.

Va doucement, butor, prends garde de caſſer
les œufs.

Trappola.

Monſieur, ne m'arrêtez pas ; il faut que j'aille
préparer le dîner, afin que le bois ne brûle pas
inutilement.

Octave.

Maraut, qui t'a appris à allumer ainſi le feu à
l'avance ? Je l'ai éteint : quand il le faudra, tu
iras le rallumer.

Trappola.

Maudite ſoit l'avarice !

OCTAVE.

Oui, oui, de l'avarice ! Si je n'avois un peu d'œconomie, on ne vivroit pas comme on fait dans cette maison. Approche ; as - tu fait bonne emplette ?

TRAPPOLA.

J'ai couru la moitié de la ville pour avoir les œufs à demi baïoque piéce.

OCTAVE.

C'eſt une choſe étonnante que de voir la cherté de toutes choſes ; on ne peut plus vivre. Combien en as-tu pris ?

TRAPPOLA.

Pour quatre baïoques.

OCTAVE.

Quatre baïoques ! & que diable avons-nous beſoin de huit œufs.

TRAPPOLA.

Pour quatre perſonnes huit œufs, deux œufs par tête ; c'eſt trop en vérité.

OCTAVE.

On n'en mange pas plus d'un par tête ; c'eſt aſſez.

TRAPPOLA.

Eh bien, s'il en reſte, ils ne ſeront pas perdus.

OCTAVE.

Ils peuvent tomber, ſe caſſer : tu ſçais que

l'autre jour ce maudit chat les a renverſés.

TRAPPOLA.

Je les mettrai dans une marmite.

OCTAVE.

Et ſi la marmite vient à tomber, ils feront perdus. Non, non, je les mettrai dans le baril de la farine; ils y feront en fûrêté. Voyons ces œufs.

TRAPPOLA.

Les voici.

OCTAVE.

Imbécile qui ne ſçais pas acheter ! m'apporter des œufs ſi petits ! je n'en veux point abſolument. Porte-les là-dedans, que je n'en entende plus parler.

TRAPPOLA.

Ce font des plus gros que l'on trouve.

OCTAVE.

Des plus gros, balourd ! Tiens, regarde maraut: voilà la meſure d'un œuf ; ceux qui paſſent au travers, font trop petits, & je n'en veux point.

TRAPPOLA.

(Au diable ſoit l'avare ! Meſurer des œufs !)

OCTAVE.

Celui-ci paſſe, celui-là non ; celui-ci ne paſſe pas, celui-là paſſe, celui-ci paſſe ; celui-là non ; celui-ci paſſe & celui-là non. En voilà quatre qui paſſent, & quatre qui ne paſſent point. Je garde ceux-ci ; pour les autres, reporte-les .... *Il en met quatre dans ſa robe de chambre.*

TRAPPOLA.

Où voulez-vous que je retrouve les gens de campagne de qui je les ai achetés?

OCTAVE.

Fais comme tu voudras ; je n'en veux point. Mais comment les reporteras-tu ? Si tu les portes dans ta main, tu les caſſeras : mets-les dans le panier.

TRAPPOLA.

Dans le panier, il y a le reſte de ce que j'ai acheté ?

OCTAVE.

Comment le reſte, & que peux-tu avoir encore acheté ?

TRAPPOLA.

De la ſalade.

OCTAVE.

A la bonne heure ; combien en as-tu pris ?

TRAPPOLA.

Pour un baïoque.

OCTAVE.

La moitié ſuffiſoit : donne ici la meſure, & reporte l'autre moitié.

TRAPPOLA.

Jamais ils ne voudront la reprendre.

OCTAVE.

Reporte-la, te dis-je , ou que la peſte t'étouffe !

TRAPPOLA.

Mais comment ferai-je ?

OCTAVE.

Donne-là la moitié dans mon mouchoir. (*Il tire ſon mouchoir , les œufs tombent & ſe caſſent.*) Oi , oi , oi ! au ſecours ! (*Trappola rit*) Tu ris coquin ? tu ris du malheur de ton maître ? Ces œufs coûtoient deux baïoques. Sçais-tu ce que c'eſt que deux baïoques ? Du vivant de mon pere , avec deux baïoques j'étois capable d'en faire vingt. L'argent ſe ſéme comme le bled , & pour un homme de ſens un baïoque produit autant de baïoques qu'il y a de grains dans un épi. Mes pauvres œufs ! Mes pauvres baïoques !

TRAPPOLA.

Mon cher Maître , ne vous plaignez pas de la perte des quatre œufs.

OCTAVE.

Et pourquoi ?

TRAPPOLA.

C'eſt que vous en avez tant dans la tête que cela fait peur.

OCTAVE.

Malheureux, tu te moques encore de moi.

TRAPPOLA.

Faut - il reporter ces quatre œufs ?

OCTAVE.

Je suis bien forcé de les garder malgré moi.

TRAPPOLA.

Je vais faire du feu.

OCTAVE.

Prends garde ; ne brûle pas trop de bois.

TRAPPOLA.

Oh, pour quatre œufs il ne faut pas grand feu.

OCTAVE.

Quatre & quatre (*en regardant à terre*) font huit!

TRAPPOLA *à part.*

(La bonne dupe ! il ne sçait pas que nous faisons grande chere quand il est au lit. Depuis que nous avons une double clef du grenier, nous vendons son bled, & nous vivons en princes.) *Il sort.*

SCENE

SCENE VIII.

OCTAVE seul.

QUe je suis à plaindre ! Je n'ai personne dans ma maison qui me donne de la consolation. Ma fille est amoureuse, elle ne songe qu'à se marier ; il faut bien que j'y consente. Il faut m'arracher la moitié du cœur, & lui donner pour sa dot une partie de cet argent que j'ai amassé avec tant de fatigues. Infortuné ! comment puis-je me résoudre de toucher à ma cassette, pour marier ma fille ? Que sont devenus ces tems heureux, où les peres vendoient leurs filles ? Alors, plus elles étoient belles, plus les époux les payoient cher. Dans cette supposition seule je pourrois me croire heureux. La beauté de Rosaure seroit une fortune pour moi ; mais aujourd'hui c'est sa beauté qui fait mon tourment. Cependant si je ne la marie promptement, il en peut arriver malheur : & puis, je veux me débarrasser de cette dépense journalière. Je ne puis suffire à fournir à tant de modes, de robes. Allons, je ferai un effort, je la marierai... Pauvre cassette, je te châtrerai, je te châtrerai !.. Hélas, si l'on m'avoit rendu ce service autrefois, je ne pleurerois pas aujourd'hui pour la dot d'une fille ! La voilà qui vient à moi ; je m'attends à quelque attaque à ma pauvre bourse.

SCENE IX.

ROSAURE, OCTAVE.

ROSAURE.

MOn pere, je vous donne le bon jour.

OCTAVE.

Ah, ma fille, les bons jours font finis pour moi.

ROSAURE.

Pourquoi donc ?

OCTAVE.

Parce qu'on ne gagne pas un fol; que chaque jour on dépenfe, & que la maifon fe ruine.

ROSAURE.

Cependant toute la ville dit que vous êtes un homme riche.

OCTAVE.

Moi, riche, moi, riche ! Le Ciel te le pardonne ! Le Ciel faffe perdre la parole à qui médit de moi !

ROSAURE.

Ce n'eft pas médire de vous, que de vous croire riche.

OCTAVE.

On ne peut tenir de plus mauvais propos. Si

(35)

l'on me croit riche, on attentera à ma vie ; je ne
serai pas en sûreté dans ma maison : la nuit, les
voleurs forceront mes portes. O Ciel ! Il faudra doubler les ferrures, les verroux, les barri-
cades.

ROSAURE.

Plutôt, si vous avez peur, prenez encore un domestique.

OCTAVE.

C'est-à-dire, encore un filou, un traître ! A
peine avons-nous de quoi vivre pour ce que nous
sommes.

ROSAURE.

A ce que je vois, votre situation est fort misé-
rable.

OCTAVE.

Il est trop vrai, ma chere fille.

ROSAURE.

Comment ferez-vous donc pour me marier,
& me donner une dot ?

OCTAVE.

Hélas, c'est ce qui m'empêche de dormir la
nuit.

ROSAURE.

Comment ! Vous voulez donc me désespérer ?

OCTAVE.

Non. Le cas n'est pas tout à fait désespéré.

ROSAURE.

Mais ou bien j'aurai une dot, ou bien je n'en aurai point.

OCTAVE *en soupirant.*

Tu en auras une.

ROSAURE.

Elle doit être de six mille écus.

OCTAVE.

Tais toi; ne me rappelles point un souvenir qui me fait mourir de douleur.

ROSAURE.

Puisse le Ciel vous accorder de longs jours! mais enfin, après votre mort, je serai seule votre héritiére.

OCTAVE.

Héritiére de quoi? Et qu'espéres-tu hériter? Pour mettre ensemble deux mille écus, il me faudra vendre tout ce que j'ai au monde. Je resterai dans la plus grande misere, & j'irai demander l'aumône. Hériter, hériter de moi! Ah, malheureuse, il ne te manque plus que de demander au Ciel la mort subite de ton pere, dans l'espérance de son héritage, de l'assassiner toi-même, pour hériter de lui! Que les peres sont à plaindre! S'ils sont pauvres, leurs enfans ne soupirent qu'après leur mort, pour être débarrassés du soin de les soutenir : s'ils sont riches, ils font le même sou-

(37)

hait, pour hériter d'eux. Je suis pauvre, Rosaure;
je n'ai point d'argent, ma chere fille, n'attends
rien après ma mort. Je te jure que ma misére ne
peut être plus grande.

ROSAURE.

Mais dites-moi, je vous prie, qu'est-ce que cette
cassette qui est enchassée dans la muraille de votre
appartement, que vous fermez à trois clefs, &
que vous visitez deux fois le jour ?

OCTAVE.

Moi, une cassette ?.. Quelle cassette ?.. C'est
un vieux coffre de fer qui est dans la maison depuis
un siécle. A trois clefs ? Il est toujours ouvert. Je
le visite deux fois le jour ? Oh que la méchanceté
des hommes est grande ! Oh femmes qui pensez
toujours au mal ! J'ai dans ce coffre mes mou-
choirs, le peu de chemises que j'ai, & d'autres
choses, dont je ne puis parler, & qui sont néces-
saires dans un âge aussi avancé que le mien. Moi,
une cassette ! Moi, de l'argent ! Pour l'amour de
Dieu, n'en parle à personne. Hélas, pauvre homme, chacun me souhaiteroit la mort ! Cela n'est
pas, non, cela n'est pas vrai; je n'ai ni cassette,
ni argent. *à part.* Heureusement elle ne sçait
rien de celle où j'ai mon or, qui est sous mon lit.
Dans celle-ci, il n'y a que de l'argent : mais
encore faut-il qu'elle l'ignore ; si on le sçait, je

c iij

fuis perdu.) *Haut.* Non, je n'ai point de caffette,
je n'ai point d'argent. *Il fort.*

S C E N E   X.

R O S A U R E *feule.*

PAuvre vieillard! Il croit que je ne fçais pas tout.
Il a de l'argent dans la caffette, & en grande quantité : après fa mort tout cela me reviendra. Mais
quand je ferai maîtreffe, quand je ferai riche, en
ferai-je plus contente ? Hélas, mon contentement
ne dépend pas de l'abondance de l'or . mais de la
paix du cœur. Cette paix, la goûterai-je avec Lélio ? Non, certainement ; il fut un tems qu'il me
plaifoit ; aujourd'hui je me trouve comme forcée
de l'oublier. Mais pourquoi ? Pourquoi ce chan-
gement dans mon cœur ? Ah, Florinde, aimable
Vénitien, c'eft toi qui as produit en moi cette charmante révolution. Dès que je t'ai vu, j'ai brûlé
pour toi ; & depuis un mois que je te vois, chaque
jour tu m'enflammes davantage. Je t'ai donné mon
cœur. Tout autre objet me devient odieux ; &
le plus odieux de tous, eft celui qui veut faire
violence à mon ardeur. C'eft ainfi que Lélio, qui
étoit autrefois ma plus douce efpérance, eft de-
venu aujourd'hui mon tourment & mon cruel dé-
fefpoir.

SCENE XI.

COLOMBINE, ROSAURE.

COLOMBINE.

Mademoiselle.

ROSAURE.

Que veux-tu ?

COLOMBINE.

M. Florinde demande à vous voir.

ROSAURE.

Est-il seul ?

COLOMBINE.

M. Lélio l'a accompagné jusqu'à l'escalier ; il s'en est allé ensuite, & M. Florinde est resté seul.

ROSAURE.

Fais-le entrer promptement.

COLOMBINE.

Il est dans le sallon, & il parle avec M. votre pere.

ROSAURE.

Oui, mon pere le voit avec plaisir, parce qu'il en reçoit de petits présens.

COLOMBINE.

J'ai entendu qu'il prioit Florinde de lui envoyer de Venise deux paires de lunettes, & un pot de moutarde.

R O S A U R E.

Quoi, Florinde partiroit-il ?

C O L O M B I N E.

Vraiment, il me semble qu'il a pris congé du patron.

R O S A U R E *à part.*

(Que je serois malheureuse ! Ce seroit un coup mortel pour moi.)

C O L O M B I N E.

Qu'y a-t-il donc, Mademoiselle ? Cette nou-velle vous trouble beaucoup ? Ecoutez, je me suis déja apperçue que M. Florinde ne vous déplaît pas.

R O S A U R E.

Ma chere Colombine, ne me tourmente pas.

C O L O M B I N E.

J'entre fort dans vos raisons. C'est un garçon fort aimable, & qui paroît très - amoureux. Ce M. Lélio a une certaine maniere dédaigneuse, qui ne me revient point : & puis il suffit de dire que ce M. Lélio, depuis six mois & plus qu'il fré-quente céans, ne m'a jamais rien donné ; au lieu que l'autre, chaque jour me fait quelque petit présent.

R O S A U R E.

Au vrai, M. Florinde a des manieres adorables.

COLOMBINE.

Avouez la vérité, vous l'aimez ?

ROSAURE.

Il n'eſt que trop vrai ! A toi, ma chere Colombine, je ne ſçaurois cacher la vérité.

COLOMBINE.

Lui avez-vous jamais dit ?

ROSAURE.

Non, j'ai toujours fait mon poſſible pour lui cacher ma paſſion.

COLOMBINE.

Et lui, croyez-vous qu'il vous aime ?

ROSAURE.

Je ne ſçais. Il a pour moi des attentions; mais je puis les regarder comme l'effet de la pure galanterie.

COLOMBINE.

Avant qu'il parte, dites-lui en quelque choſe.

ROSAURE.

Il eſt trop tard.

COLOMBINE.

Non, vous êtes encore à tems.

ROSAURE.

S'il part, il n'eſt plus tems.

COLOMBINE.

Peut-être, ſi vous parlez, ne partira-t-il pas.

ROSAURE.

O Ciel !

COLOMBINE.

Allons, Mademoiselle, du courage.

ROSAURE.

Le voilà.

COLOMBINE.

Allons ferme, comportez-vous bien. Si vous n'avez pas le courage de parler, laissez-moi faire ; je parlerai, moi…. *Elle sort.*

SCENE XII.

ROSAURE., *ensuite* FLORINDE.

ROSAURE.

NOn, non, écoute. Cette Colombine est trop hardie. Elle ne sçait pas qu'une honnête fille doit généreusement réprimer ses passions. Je les reprimerai. Je ferai des efforts…

FLORINDE.

Je vous présente mon très-humble respect, Mademoiselle Rosaure.

ROSAURE.

Je vous donne le bon jour, Monsieur Florinde. Prenez un siége.

FLORINDE.

J'obéis. *à part.* Dans quel embarras m'a mis l'ami Lélio !

ROSAURE *à part.*

Il me paroît troublé.

FLORINDE *à part.*

Il faut avoir du courage, & montrer un air dégagé. *Ils s'asseoient.*

ROSAURE.

Qu'avez-vous donc, Florinde ? Vous me paroissez soucieux.

FLORINDE.

Une lettre que j'ai reçue de Venise m'a un peu déconcerté. Mon oncle est mourant. Je suis obligé de partir demain matin.

ROSAURE.

Demain matin ?

FLORINDE.

Sans délai.

ROSAURE.

O Ciel ! Demain matin ? *En soupirant.*

FLORINDE.

Demain matin. Mais vous soupirez ? Mon départ n'a cependant rien qui puisse vous causer du déplaisir.

ROSAURE.

Votre oncle est mourant : ce pauvre vieillard

me touche. Mon pere eſt auſſi fort avancé en âge ;
& lorſque je vois des vieillards mourir , cette
réflexion m'attendrit au point que je ne puis retenir mes larmes. *Elle pleure.*

FLORINDE.

Vous avez un cœur tendre & compatiſſant.

ROSAURE.

Et le vôtre , comment eſt-il ?

FLORINDE.

Le mien ?....Là , là , entre deux.

ROSAURE.

Partirez-vous de Boulogne ſans aucun regret ?

FLORINDE.

Ah , certes j'en partirai le cœur navré.

ROSAURE.

Ainſi votre cœur a dans cette ville des atta-
chemens qui vous rendront votre départ amer ?

FLORINDE.

Je n'aurai jamais reſſenti tant de peines que
j'en prévois pour demain matin.

ROSAURE.

Cher Florinde , je vous conjure par les ſoins ,
par les égards que vous m'avez marqués, pendant
votre ſéjour ici , de m'accorder une grace avant
votre départ.

FLORINDE.

Me voilà à vos ordres. Je ferai tout pour vous
obéir.

ROSAURE.

Dites-moi à qui vous laisserez votre cœur en partant.

FLORINDE.

Je le laisse à un ami cher & fidéle. Je le laisse à Lélio que j'aime autant que moi-même.

ROSAURE *à part*.

Mon espérance est perdue.

FLORINDE.

Etes-vous satisfaite ?

ROSAURE.

Vous aimez donc beaucoup cet ami ?

FLORINDE.

Ainsi l'exigent les loix de la bonne amitié.

ROSAURE.

Et vous n'aimez que lui ?

FLORINDE.

J'aime tous ceux qui aiment Lélio, & qui en sont aimés. Par cette raison je puis aussi aimer Mademoiselle Rosaure.

ROSAURE.

Vous m'aimez ?

FLORINDE.

Oui certainement.

ROSAURE.

O Ciel ! Vous m'aimez ?

FLORINDE.

Je vous aime parce que Lélio vous aime. Je vous aime parce que vous voulez du bien à Lelio qui est un autre moi même.

ROSAURE.

Et qui peut vous assurer que j'aime Lélio ?

FLORINDE.

Ne devez-vous pas être sa femme ?

ROSAURE.

Je ne le suis pas encore.

FLORINDE.

Mais vous la serez.

ROSAURE.

Si je ne devenois pas femme de Lelio, vous ne m'aimeriez plus ?

FLORINDE.

L'amitié ne m'obligeroit plus à vous vouloir du bien.

ROSAURE.

Si Lélio me haïssoit, vous me haïriez aussi ?

FLORINDE.

Moi, vous haïr ?

ROSAURE.

Oui, cette grande amitié que vous avez pour votre Lélio, vous obligeroit à me haïr.

FLORINDE.

Pour vous haïr, non, cela ne me seroit pas possible.

(47)

ROSAURE.

Si l'amitié pour Lélio ne vous obligeoit pas à
me haïr, il n'eſt donc pas vrai que vous ne m'aimiez qu'en vertu de cette amitié qui vous lie.
Donc je conclus, ou que vous mentez, quand
vous dites que vous m'aimez, ou que vous m'aimez pour quelque autre raiſon.

FLORINDE.

Avec autant d'eſprit que vous en avez, Mademoiſelle, j'avoue qu'il vous ſera toujours facile
d'embarraſſer un homme; mais ſi vous me permettez, je répondrai à votre argument. Les loix
de l'amitié obligent un homme de ſeconder ſon
ami dans les vertus, mais non dans ſes défauts ;
dans le bien, & non dans le mal. Lorſque Lélio
aime honnêtement, je dois comme ſon ami ſeconder ſon amour; & s'il haïſſoit, je ne ſerois
point obligé d'entretenir ſa haine. Ainſi ſi Lélio
aime Mademoiſelle Roſaure, je dois l'aimer auſſi.
Mais s'il la haïſſoit, je ferois mon poſſible pour
le détromper, lui faire connoître le prix de ſa
beauté, & changer ſon averſion en amour.

ROSAURE.

Ainſi vous voudriez abſolument me voir à
Lelio ?

FLORINDE.

En le deſirant, je ne fais que ſeconder vos inclinations.

ROSAURE.
Mes inclinations ne vous sont pas bien connues.

FLORINDE.
Dès le premier jour que j'ai eu l'honneur de vous faire ma cour, vous m'avez dit que vous aimiez Lélio.

ROSAURE.
Il y a plus d'un mois que je ne vous ai parlé de même.

FLORINDE.
Et qu'est-ce que cela fait ? L'espace d'un mois auroit-il changé vos sentimens ! Pardonnez-moi, Mademoiselle ; la constance auroit dû couronner tant de vertus que vous possedez.

ROSAURE.
Ah, Florinde, nous ne sommes pas toujours maîtres de nous-mêmes.

FLORINDE.
Je l'avois bien prévû. Je suis la cause de ce mal ; mais j'y remédierai.

ROSAURE.
Ciel, aide-moi ! Fais que je ne dise rien de trop.

FLORINDE.
Mademoiselle, je pars demain.

ROSAURE.
Hélas ! demain ?

FLORINDE.

FLORINDE.

Demain, sans différer. Je vous rends mille graces des bontés que vous m'avez marquées , & j'ose espérer que vous ne me refuserez point une chose que je vous demande.

ROSAURE.

Fasse le Ciel que je sois en état de vous servir !

FLORINDE.

Je vous supplie de n'être pas ingrate envers le pauvre Lelio.

ROSAURE.

Je croyois que vous m'auriez demandé quelque chose pour vous-même.

FLORINDE.

J'ai aussi une grace à vous demander pour moi.

ROSAURE.

J'aurai un peu plus de plaisir à vous satisfaire.

FLORINDE.

Je vous prierai de me vouloir du bien. Je vous recommande mon cœur.

ROSAURE.

O Ciel ! Dites-vous vrai ?

FLORINDE.

Oui, je vous demande votre amitié pour Lé-lio ; c'est la même chose que d'en avoir pour moi. Je vous recommande mon cœur qui reste à Bologne avec Lélio ; & si ce cher ami avoit eu le mal-

heur de vous déplaire , je vous conjure de lui par-
donner , & de le recevoir en grace.

R O S A U R E *pleure & ne répond pas.*

F L O R I N D E *à part.*

Elle pleure ! Helas , je n'en puis plus. O fidéle
amitié , prête-moi ton secours, donne moi tes
conseils ..... Je sens que l'amitié reste en arriere ,
& que l'amour m'entraîne.

S C E N E   X I I I.

COLOMBINE , ROSAURE , FLORINDE.

C O L O M B I N E.

M Ademoiselle , voici M. Lelio.....*Elle sort.*

F L O R I N D E *à part.*

Oh bien ! Il est arrivé à tems.

R O S A U R E.

Voilà votre cœur : recevez-le comme il le mérite. Je me retire.

F L O R I N D E.

Comment, vous fuyez Lelio ?

R O S A U R E.

Je fuis Lelio ; je vous fuis ; je fuis deux cœurs
qui me poursuivent également.

F L O R I N D E.

Vous m'évitez aussi ?

ROSAURE.

Oui ; & plût au Ciel que je vous eusse évité plutôt !

FLORINDE.

Que vous ai-je donc fait ?

ROSAURE.

Vous m'avez fait tout le mal que vous pouviez me faire. Vous m'avez rendue malheureuse, vous m'avez...Oui , pauvre Florinde, vous l'avez fait ; mais ce n'est pas votre faute. Je suis malheureuse par vous ; mais je vous pardonne. Partez, puisque vous le voulez, partez ; ma mort sera la suite de votre départ...*Elle sort.*

SCENE XIV.

FLORINDE, *ensuite* LELIO.

FLORINDE *à Rosaure qui sort.*

AH, Rosaure, de grace, écoutez-moi, revenez....Je crois que je n'arriverai pas à Venise en vie ; je crèverai sans doute. A-t-on jamais vû une situation pareille à la mienne ? J'aime & je ne puis le dire. Je suis aimé , & l'on n'ose me l'avouer. Nous nous entendons, & nous sommes obligés de feindre de ne nous pas comprendre. Nous mourons de chagrin, & nous ne pouvons nous consoler.

d ij

L E L I O.

Eh bien, ami, comment cela s'est-il passé?

F L O R I N D E.

Je ne le sçais pas moi-même.

L E L I O.

Quoi, vous n'avez rien fait pour moi?

F L O R I N D E.

Je vous dis; je ne vaux rien pour ces sortes d'affaires.

L E L I O.

Est-ce donc une chose si difficile que de parler à une femme, & de découvrir ses sentimens? J'ai eu recours à vous, parce que je vous aime & vous estime. D'ailleurs je pouvois charger de cette affaire le petit Comte Rodolphe, ou le Chevalier Ernest, qui sont également mes amis, qui sont de notre société; & s'ils étoient en ville, ils n'hésiteroient pas un moment à me faire ce plaisir.

F L O R I N D E.

Mon ami, permettez que je vous dise ce que le cœur me dicte en ce moment. Dans ces sortes d'affaires n'ayez jamais recours à la jeunesse pour négocier vos intérêts avec celle que vous aimez, & ne soyez point trop facile à admettre toutes sortes de gens dans sa société. Les femmes sont de chair comme nous, & il ne faut pas espérer d'elles plus que nous ne sommes capables de faire nous-mêmes. S'il vous arrivoit d'être en tête à tête avec une jeune perſonne, que penſez-vous que le cœur pourroit vous ſuggérer dans cette rencontre? Que ne pourroient faire l'occaſion, la commodité, la jeuneſſe ? Craignez la même choſe de votre maîtreſſe, & peut-être pis, parce qu'elle eſt plus foible. Il faut ſe défier des forces d'une femme. Il ne convient pas de l'expoſer à la tentation, & d'exiger enſuite qu'elle y réſiſte. Une femme qui ne connoîtroit perſonne ſeroit la meilleure; & ſi elle ſe pervertit, la faute en eſt alors la plûpart du tems à ſon pere, à ſa mere, à ſon mari même, qui par trop de condeſcendance & en fermant un œil, leur donnent ſans ceſſe l'occaſion d'être ni plus ni moins fragiles que les hommes qui jouiſſent de la même liberté. Si une femme vous intéreſſe, tenez-la dans la ſujettion. Si vous la voulez à vous toute entiere, ne ſouffrez pas qu'elle voie tout le monde, & ne lui donnez point de mauvais exemples. Si vous voulez en être aimé, ne la laiſſez point jaſer avec une jeuneſſe bizarre : car la paille ſ'allume auprès du feu ; & quand elle eſt une fois allumée, il eſt difficile de l'éteindre. Il eſt peu d'amis, & ce peu eſt encore capable de ſe corrompre. La femme eſt foible, l'amour aveugle, l'occaſion échauffe, & l'humanité l'emporte. Ami, celui qui a une lan-

gue, parle, celui qui a des oreilles, entend, celui
qui a du jugement, s'en fert. *Il fort.*

S C E N E XV.

L E L I O *feul.*

CElui qui a une langue, parle. Celui qui a des
oreilles, entend. Celui qui a du jugement, s'en
fert. Florinde a parlé ; je l'ai entendu ; c'eft donc
à moi à me fervir de mon jugement ! Je me pré-
vaudrai des confeils d'un véritable ami. Si j'é-
poufe Rofaure, je ne la laifferai point voir fi facilement. Tout le monde n'a pas la belle ame de
Florinde. Tous ne fçavent pas vivre comme
lui. Je puis me fier à lui, & je n'en dois prendre aucun ombrage. Je fçais qu'il m'aime. Je fçais
qu'il eft véritablement mon ami, & qu'il mourroit plutôt que de commettre une action indigne.

Fin du premier Acte.

ACTE SECOND.

SCENE PREMIERE.

Appartement de Florinde dans la maison de Lélio.

FLORINDE *seul.*

JE fuis troublé. Je ne fçais où j'ai la tête. La converfation que je viens d'avoir avec Rofaure m'a mis hors de moi. Je ne voulois point y aller ; Lélio m'y a conduit de force. Quelque effort que j'aye fait pour montrer de l'indifférence, je crois que Rofaure a deviné mon amour, comme j'ai bien compris par fes difcours qu'elle a de l'inclination pour moi. Notre féparation a été très-defagréable ; & il femble que je fuis obligé de la revoir avant de partir... Mais fi j'y retourne, ce fera pis que jamais. Lelio eft mon ami ; je verferois mon fang pour lui, & je n'ai point à craindre de le trahir ; mais il n'eft pas prudent de s'expofer à l'occafion, lorfqu'on ne veut point faire de fautes.

d in

SCENE II.

TRIVELLE, FLORINDE.

TRIVELLE.

MOnsieur, voici une lettre pour vous.

FLORINDE.

De quelle part ?

TRIVELLE.

En vérité, je n'en sçais rien.

FLORINDE.

Qui l'apporte ?

TRIVELLE,

Un jeune homme qui m'est inconnu.

FLORINDE.

Combien lui avez-vous donné ?

TRIVELLE.

Rien.

FLORINDE.

Cette lettre ne vient pas de loin.

TRIVELLE.

Si vous me le demandez, je crois qu'elle vient d'ici de Bologne, & à l'odeur je la suppose d'une femme. Avec votre permission, Monsieur, que je regarde le cachet. En dehors c'est de la cire d'Espagne. Prenez bien garde qu'il n'y ait de la cire de France en dedans.

S C E N E   I I I.

F L O R I N D E *feul.*

Voyons un peu qui m'écrit. (*Il lit.*) » Ro-
» faure Forefti. » Une Lettre de Rofaure ! Le cœur
me bat ! » Mon cher Monfieur Florinde »…..Mon
cher ! A moi mon cher ! Ah, ce mot me fait venir une fueur mortelle ! » Puifque vous avez réfolu
» de partir, mon cher….» J'ai penfé qu'elle avoit
pour moi quelque inclination , mais que je lui
fois cher ! Elle me dit, mon cher : hélas , je n'y
puis réfifter. Mais doucement, Monfieur Florinde;
allons doucement. Ne fouffrons point que la paffion nous jette un voile fur les yeux. Quoi , un
feul mot me feroit-il oublier les engagemens fa-
crés de la vraie amitié ? Lifons cette lettre ; mais
lifons-la par fimple politeffe. » Puifque vous avez
» réfolu de partir, mon cher Monfieur Florinde ».
Maudit foit ce mot de cher qui me trouble ! Je lis
ici , & mes yeux lifent au-deffus. Déchirons ce
mot là , & que je ne le revoye plus. « Puifque
» vous avez réfolu de partir , & que vous ignorez
» ou feignez d'ignorer dans quel état vous me
» laiffez »….Eh, Mademoifelle , je fçais tout :
mais non, je fuis réfolu de partir , & je partirai
demain matin. « Ou feignez d'ignorer »…Certes,

je le feins ; mais je ne l'ignore pas : pourſuivons. « Je ſuis forcé de vous ouvrir mon cœur »... Eh ! vous le pouvez. J'écouterai avec quelque agitation : mais enfin je ſuis homme, ami fidéle : j'ai réſolu, & je ferai mon devoir ; rien ne m'en détournera. « Sçachez, mon cher Florinde » ... O Ciel, encore une fois *mon cher* ! « Sçachez que » mon, que mon ».... Non, je n'y vois plus. « Sçachez, mon cher Florinde »....Je voudrois paſſer ce mot, & je ne ſçais comment faire. « Que mon cœur s'eſt enflammé du moment que « je vous ai vû »...Son cœur s'eſt enflammé, & moi je ſuis embraſé. « Je ſuis enflammée de votre » mérite »..Je vous rends graces. Que je ſuis malheureux ! « Sans vous je mourrai certainement »... Elle mourra, ô Ciel ! elle mourra !...A la bonne heure ; ſi elle meurt, je mourrai auſſi. Peu importe, pourvu que je ſauve mon honneur, & ce que je dois à l'amitié. « Soyez ſenſible à la pitié, » mon cher Florinde ».... Encore ce mot *mon cher.* Il me tourmente, il me tue. Le mot de *cher* écrit par une ſi belle main, dicté par une bouche ſi aimable ! Je n'en puis plus ; je ſuccombe, ſi je continue de lire. Cette lettre eſt un enfer pour moi ; je ne puis ni la lire, ni la tenir. Il faut la déchirer ; il faut m'en priver. Je ne lirai plus ce mot de *cher* : je ne le lirai plus. (*Il déchire la lettre.*)

Mais qu'ai-je fait ? Déchirer une lettre si pleine de bonté ! La déchirer avant d'avoir fini de la lire ! Ne l'avoir pas lue jusqu'au bout ! Qui sçait ce que la fin me disoit ? Si je pouvois réunir ces morceaux, je verrois cette fin. Hélas, voilà *mon cher* que je retrouve sans cesse sous mes yeux. Ne cherchons pas davantage. Que la lettre dise tout ce qu'elle voudra, je ne veux plus me tourmenter, me sacrifier. Mais que dois-je faire ? Partir ainsi sans lui répondre, sans dire un mot ? Ce seroit un procédé grossier, indiscret. Oui, je lui répondrai ; peu de lignes, mais bonnes. Nous sommes découverts, il faut parler clairement; faire ensorte qu'elle se repente de son amour, comme je me repens du mien. Mais si Lelio voit un jour cette lettre ? Qu'importe ? S'il la voit, il sçaura ce que c'est que Florinde. Il verra que Florinde par point d'honneur a été capable de lui sacrifier sa passion, son cœur, sa vie même. (*Il se met à écrire.*) Oh çà, comment dois-je commencer ? Ma chere ? Non, point de chere. Si ma chere faisoit sur elle le même effet qu'a fait sur moi mon cher, elle en mourroit infailliblement. Courage, courage; il faut se débaraffer. (*Il écrit.*) ,, Mademoiselle, ,, quoique j'aye feint de ne pas entendre le lan- ,, gage de vos yeux, je n'ai que trop pénétré les ,, bontés que vous avez pour moi. C'est là la véri-

» table raison qui me fait précipiter mon départ ;
» parce que votre penchant se trouvant conforme
» au mien, il ne me seroit pas possible de me con-
» tenir dans les bornes de l'indifférence. Mon ami
» Lelio m'a reçû dans sa propre maison ; il m'a fait
» part de tous les secrets de son cœur; que diroit-il
» de moi, si manquant aux devoirs d'un ami ,
» je trahissois l'hospitalité ? De grace, faites ré-
» flexion vous-même qu'il ne convient pas....

S C E N E I V.

T R I V E L L E , F L O R I N D E.

T R I V E L L E *troublé.*

MOnsieur.

F L O R I N D E.

Qu'y a-t-il ?

T R I V E L L E.

Au nom de Dieu , dépêchez-vous. M. Lélio
est assailli par deux ennemis. Il se défend l'épée à
la main contre tous les deux. Mais il est en danger ;
venez à son secours.

F L O R I N D E.

Où ?

T R I V E L L E.

Ici près dans la rue.

Florinde.

Je cours encore verſer mon ſang pour mon ami , s'il en a beſoin. *Il ſort.*

SCENE V.

TRIVELLE, *ſeul.*

JE ſçais qu'ils ſont attachés l'un à l'autre. Je ſçais que mon maître eſt brave & adroit les armes à la main ; je ſuis ſûr qu'il défendra ſon ami. Je l'aurois bien fait , moi ; mais je n'aime pas à me mêler de ces ſortes d'affaires. Il vaut mieux aller faire nos paquets. Heureuſement ne partant que demain matin , j'ai un peu plus de tems. Et qui ſçait même ſi nous nous en irons. Mon maître eſt amoureux ; & quand les hommes ſont amoureux , ils ne naviguent pas comme ils veulent aller , mais comme le vent les pouſſe. *Il ſort.*

SCENE VI.

BEATRIX *seule.*

CE Monsieur Florinde ne s'est point encore laissé appercevoir. Seroit-il bien vrai qu'il me méprise, qu'il dédaigne mon amour, & qu'il ne fasse pas cas de moi ? J'ai observé cependant qu'il me regardoit avec quelque attention. Il m'a toujours parlé d'un ton doux & obligeant : il a souvent pris plaisir à s'égayer avec moi ; & aujourd'hui il prend un ton si sévere ? Il répond si mal à mes sentimens ? Il partira demain ? Et il partira malgré moi ? Malheureuse Béatrix ! Que ferai-je sans mon Florinde que j'adore ? Je frémis d'y penser seulement ! (*Elle s'assied.*) Quel est ce papier? C'est l'écriture de Florinde. « Mademoiselle »..... O Ciel ! A qui écrit-il ? La lettre n'est point finie : la jalousie me dévore. Voyons. « Quoique j'aye » feint de ne pas entendre le langage de vos yeux, » je n'ai que trop pénétré les bontés que vous » avez pour moi «.... O Ciel ! Si ces discours n'avoient été aussi dédaigneux, je croirois que ceci s'adresse à moi. « C'est là la véritable raison qui » me fait précipiter mon départ ; parce que votre » penchant se trouvant conforme au mien, il ne » me seroit pas possible de me contenir dans les

» bornes de l'indifférence »..... Plût à Dieu qu'il m'aimât autant que je l'aime, & que cette lettre me fût adreſſée ! Mais non. Qui pourroit l'empê-cher de me découvrir ſon amour, & d'agréer le mien ? Hélas, il parle d'une autre ; cette lettre s'a-dreſſe à une autre : tâchons de découvrir ce myſtere. » Mon ami Lelio m'a reçu dans ſa propre maiſon ; » il m'a fait part de tous les ſecrets de ſon cœur ; » que diroit-il de moi, ſi manquant aux devoirs » d'un ami, je trahiſſois l'hoſpitalité » ?..... *Si je trahiſſois l'hoſpitalité ?* O Ciel ! Il parle de cette maiſon ; il parle de moi. Non, il n'y a plus moyen d'en douter : il parle de moi. Il penſe que ce ſeroit trahir l'hoſpitalité, que d'abuſer de la con-fiance de Lelio, pour lui ravir le cœur de ſa ſœur. Non, mon cher, ce n'eſt point une mauvaiſe ac-tion d'aimer qui t'aime. Ton amour ne peut être condamné, puiſqu'un heureux hymen peut le couronner, à la ſatisfaction de ton ami même. Je comprends à préſent pourquoi il n'a pas répondu à mes avances. Il craignoit d'offenſer mon fiere ; il n'a oſé le faire de peur de bleſſer l'hoſpitalité.... » De grace, faites réflexion vous-même qu'il ne » convient pas ».... Ici ſe termine la lettre ; mais c'eſt là que l'eſpérance commence à me conſoler. *Il ne convient pas ?* Au contraire il convient de révé-ler ce ſecret, de parler à tems, & de conſoler nos deux cœurs qui s'aiment. Voici mon frere. Il vient à propos.

SCENE VI.

LÉLIO, BEATRIX.

LELIO.

MA sœur, me voilà encore en vie, graces à l'ami Florinde.

BEATRIX.

Quoi, vous est-il arrivé quelque accident?

LELIO.

Ce matin, jouant au Pharaon, j'ai été triché par un joueur de profession ; je l'ai découvert, il m'a répondu avec audace ; & je lui ai répliqué par un soufflet. Il s'est joint à un de ses camarades, & tous les deux m'ont attendu dans la rue voisine, où ils m'ont attaqué l'épée à la main. Je me suis défendu de mon mieux ; mais si Florinde ne fût arrivé à tems, j'aurois vraisemblablement succombé.

BEATRIX.

Où donc est Florinde ?

LELIO.

Il s'est arrêté pour parler à son domestique ; mais il va venir.

BEATRIX.

(65)

BEATRIX.
Seroit-il bleffé ?

LELIO.
Lui bleffé ? Il fçait manier l'épée ; il a mis ces coquins en fuite.

BEATRIX.
C'eft un grand homme, que ce Florinde.

LELIO.
Oui, c'eft un homme d'un mérite fingulier.

BEATRIX.
Il eft fort votre ami.

LELIO.
Il en eft peu comme lui.

BEATRIX.
Voyez un peu jufqu'où va fa délicateffe. Il eft amoureux de moi, fans ofer le dire ; il le nie même conftamment, craignant que ce ne foit violer l'hofpitalité.

LELIO.
Ma fœur, vous vous flattez fans fondement.

BEATRIX.
Je fuis fûre qu'il m'aime ; & j'en puis donner des preuves certaines.

LELIO.
Et quelles preuves me donnerez-vous pour me perfuader ?

BEATRIX.
La voici : cette lettre m'eft adreffée, lifez-la.

L E L I O.

Elle vous est adressée, à vous?

B E A T R I X.

Oui, à moi ; il n'a pas eu le tems de la finir.

L E L I O.

Voyons ce qu'elle contient. *Il lit tout bas.*

B E A T R I X *à part.*

Il me paroissoit impossible qu'il ne ressentît de l'amour pour moi. Suis-je donc à dédaigner ? Est-ce qu'on refuse ma main ? Pauvre Florinde, il souffroit à cause de moi ! Mais je veux lui donner du courage ; je veux lui montrer le moyen d'être content de moi.

LELIO *à* BEATRIX.

J'ai compris : Florinde est un ami très-délicat ; j'en conférerai avec lui, & sçaurai mieux ses intentions.

B E A T R I X.

N'allez pas le laisser partir, au moins.

L E L I O.

Non, non ; s'il est vrai qu'il vous aime, il ne partira point.

B E A T R I X.

S'il est vrai qu'il m'aime? En doutez-vous? Est-ce donc une chose si étrange que je sois aimée? Vous sçavez combien de partis se sont présentés pour moi;mais celui-ci me plaît plus que tous les autres.

Ce pauvre Florinde! Allez le confoler. Dites-lui qu'il fera content , que cette main eft à lui ; qu'il n'en doute point, & qu'il ne foupire point, que je ferai fûrement fa chere époufe. *Elle fort.*

SCENE VII.

LELIO, *feul.*

IL me paroît fingulier que Florinde veuille me cacher fa paffion , dans la crainte de me déplaire. Il fçait combien je l'aime. Mais cette lettre eft de fon écriture ; Béatrix affure qu'elle lui eft adreffée. Et dans le fait, à qui auroit-il pu l'écrire ? Il a toujours vécu avec moi ; il n'a pas d'autres connoiffances à Bologne. Sûrement il eft amoureux de ma fœur. Le voici qui arrive.

SCENE VIII.
FLORINDE, LELIO.

FLORINDE *à part.*

LElio eſt ici ? Où eſt ma lettre ?

LELIO.

Cher ami , que je vous embraſſe tendrement , & que je vous diſe de nouveau, que je tiens de vous la vie.

FLORINDE.

J'ai fait mon devoir, & rien de plus... *Il regarde ſur la table.*

LELIO.

Sans vous, ces coquins m'auroient expédiés... Ami, que cherchez-vous ?

FLORINDE *cherchant avec empreſſement.*

Rien...

LELIO.

Avez-vous égaré quelque choſe ?

FLORINDE.

Rien, un certain papier.

LELIO.

Un papier.

FLORINDE.

Oui. Y a-t-il long-tems que vous êtes ici ?

LELIO.

Depuis que je vous ai quitté.

(69)

F L O R I N D E *avec agitation.*

Perfonne n'eft-il entré dans cette chambre ?

L E L I O.

Dites-moi fi vous cherchez une lettre.

F L O R I N D E.

(*à part.* O Ciel, il l'aura vue !) Oui, c'eft une efquiffe de lettre de caprice.

L E L I O.

Eft-ce celle que voici ?

F L O R I N D E.

Oui, c'eft elle. Mon cher Lélio, nous fommes amis ; mais permettez moi de vous dire qu'on ne touche point ainfi aux papiers.

L E L I O.

Auffi n'ai-je point été affez téméraire pour la prendre fur cette table.

F L O R I N D E.

Par quel hazard fe trouve-t-elle donc dans votre poche ?

L E L I O.

Elle y eft tombée fort naturellement.

F L O R I N D E.

Il fuffit… Je vous répéte… que c'eft un caprice.

L E L I O.

Mon cher ami, je fçais tout. Je fçais à qui cette lettre s'adreffoit. J'admire votre délicateffe

mais vous comptez mon amitié pour bien peu ,
puifque vous me cachez les fecrets de votre cœur.

FLORINDE.

Vous vous trompez abfolument...

LELIO.

Non , je ne me trompe point ; je compare la
lettre avec les difcours. Vous m'avez caché la vérité ; mais puifque le hazard me l'a fait découvrir,
je vous dirai que je me croirai très-heureux , s'il
dépend de moi , de vous rendre content.

FLORINDE.

Mais non , mon cher ami , expliquons-nous ,
& vous verrez que vous êtes dans l'erreur.

LELIO.

En vérité , votre obftination à diffimuler , eft
une grande injure pour notre amitié. Vous craignez de violer l'hofpitalité par un amour innocent,
& moi je vous dis que c'eft infiniment plus la violer , que de garder un filence opiniâtre. Si vous
m'aimez , parlez-moi avec franchife ; & fi vous
perfiftez à nier , vous n'êtes plus mon ami.

FLORINDE.

Vous me preffez de maniere , que je ne fçais
plus réfifter : je vous avouerai la vérité. L'amour
m'a bleffé fans que je m'en apperçuffe. Vous avez
été la caufe innocente de mon tourment ; & pour
ne pas abufer de votre confiance , j'ai réfolu de
partir.

LELIO.

Vous, partir ? Au contraire, vous devez rester
avec moi, jusqu'à ce que j'aie assuré votre repos.

FLORINDE.

Par quel moyen ?

LELIO.

En vous faisant épouser celle qui vous a blessé.

FLORINDE.

Comment ?

LELIO.

Sans doute; si vous la désirez pour épouse, elle
le sera.

FLORINDE.

O Ciel !.. Quoi, Lélio... cher ami ...je suis
hors de moi.

LELIO.

Pourquoi ne m'avoir pas parlé plutôt.

FLORINDE.

Je n'osois le faire, cela ne me paroissoit pas une
bonne action.

LELIO.

Allons, vous serez content.

FLORINDE.

Je suis transporté de joie.

LELIO.

De mon côté, rien au monde n'égale le plaisir
que j'ai de devenir votre beau-frere.

FLORINDE.

Beau-frere.

LELIO.

En époufant ma fœur Béatrix, ne devenez vous
pas mon beau-frere.

FLORINDE *à part.*

(Qu'entends-je !) Quel malentendu eft ce-là !

LELIO.

Qu'avez-vous? Vous paroiffez troublé ?

FLORINDE.

(Il ne faut pas fe perdre, il ne faut pas fe découvrir.) Oui, mon cher Lélio, mon bonheur
ne me laiffe point à moi-même.

LELIO.

Je crois, à dire le vrai, que ma fœur n'eft point
à méprifer.

FLORINDE.

Certes, elle eft belle.

LELIO.

Quand voulez-vous que la nôce fe faffe.

FLORINDE.

Oh, nous en parlerons, nous en parlerons.

LELIO.

Il vaut mieux en parler en ce moment. Si vous
êtes amoureux, vous devez être preffé.

FLORINDE.

Je fuis amoureux, mais je ne fuis pas furieux.

L E L I O.

Eh bien, faisons une chose ; vous épouserez
Béatrix, lorsque j'épouserai Rosaure.

F L O R I N D E *à part.*

(Quel chaud !) *Il se trouve mal.*

L E L I O.

Vous vous trouvez mal. Qu'avez-vous ?

F L O R I N D E.

Grand chaud.

L E L I O.

Je crois que l'amour vous échauffe réellement.

F L O R I N D E.

Oh, mon ami, vous ne connoissez pas mes
feux ; c'est pourquoi vous en riez.

L E L I O.

Non, non, j'entre dans votre situation. Et
même pour vous consoler, je vais presser votre hymen le plus qu'il me sera possible. Je vais trouver
Béatrix, & si elle y consent, ce soir je vous
marie.

F L O R I N D E.

(Infortuné ! Que dira Rosaure, si elle apprend
tout ceci.) Mon cher ami, je vous demande une
grace avec instance, c'est de ne parler de ceci à
personne.

L E L I O.

A personne ? Et par quelle raison ?

FLORINDE.

J'en ai de très-fortes pour tenir la chose se-
crete. Je n'en ai rien écrit à Venise ; si mon oncle l'apprend, cela pourra lui déplaire, & je ne
veux pas l'offenser. Les choses passent bien vîte de
bouche en bouche ; & les agréables se piquent de
mander les nouvelles.

LELIO.

Enfin, si vous épousez ma sœur, elle n'a pas
une grande dot ; mais elle est d'un sang digne de
vous.

FLORINDE.

Oui, tout va bien ; mais je désire que personne
n'en sçache rien.

LELIO.

Je n'en parlerai à qui que ce soit.

FLORINDE.

Je me fie à vous.

LELIO.

Je puis en parler à Béatrix ?

FLORINDE.

Pas même à elle.

LELIO.

Comment diable, je n'en parlerois pas à la future ? Ce seroit un peu fort.

FLORINDE.

Si elle en est instruite, dans trois jours tout

Bologne le fçaura.

LELIO.

Chimeres que cela, monami ; foyez tranquille.
Pour moi je brûle d'impatience de voir conclure
cet hymen, de vous voir heureux & content. *Il
fort.*

SCENE IX.

FLORINDE *feul.*

Belle félicité ! Beau contentement ! O malheureux, dans quel embarras je me trouve, pour voler au fecours de mon ami ! Je laiffe ma lettre fur
la table ; je l'oublie, aveuglé par la vivacité de mon
zéle. Lélio la trouve, je penfe qu'il a découvert
mon amour pour Rofaure, & je me crois obligé
de lui en faire l'aveu. Point du tout, par un malentendu, c'eft de Béatrix qu'il me croit amoureux;
& je me trouve engagé, fans pouvoir m'en défendre. Car fi je n'avoue pas de l'amour pour
Béatrix, il faudra convenir que j'en aime une
autre. En examinant les circonftances de la lettre
& de ma fituation, je fuis dans la néceffité évi-
dente de me déclarer moi-même le rival de mon
meilleur ami. Quel coup ! Quel événement im-
prévu, qui n'a jamais eu de pareil ! Mais à pré-
fent, quel parti prendre ? Epoufer Béatrix ? Non,

certainement. La refuſer ? Lélio dira que je ſu
léger, que je ſuis fou. Si je pars, je fais mal, ſi
je reſte, je fais encore plus mal. Et Roſaure, que
dira-t-elle de moi ? Je n'ai point répondu à ſa
lettre : ſi elle vient à ſçavoir que j'épouſe Béatrix, quelle idée prendra-t-elle de ma conduite?
J'eſpére que Lélio me gardera le ſecret auprès
d'elle ; mais s'il y manquoit, il faudroit la déſa-
buſer. Que faire donc ? Dans cette horrible ſitua-
tion où je me trouve, je ne ſçais à qui recourir,
je ne ſçais à qui demander conſeil. Le ſeul ami
que je pourrois conſulter, doit ignorer avant tous
les autres, le contraſte de mes paſſions. Il faut
donc me conſeiller moi-même. J'ai beſoin de courage, de tête, & de réſolution. Deux choſes ici
ſont néceſſaires ; l'une, de voir Roſaure ; l'autre,
de quitter Bologne. La premiere eſt un acte de
reconnoiſſance. La ſeconde eſt dûe à l'amitié. Faiſons, faiſons l'une & l'autre ; & avec ces deux
bourreaux, l'amour & l'amitié dans le cœur, je
pourrai dire que les deux plus belles vertus ſont
devenues pour moi les deux tourmens les plus
cruels. *Il ſort.*

SCENE X.

Dans la maison D'OCTAVE.

ROSAURE & COLOMBINE.

ROSAURE.

MAis cette lettre, à qui l'as-tu donnée ?

COLOMBINE.

A ce commiſſionnaire, mari de la blanchiſſeuſe, qui l'a remiſe en ma préſence à Trivelle.

ROSAURE.

Pourquoi ne l'avoir pas donnée toi-même à Trivelle ?

COLOMBINE.

Afin de ne point paſſer pour une courtiere de profeſſion.

ROSAURE.

Je crains que le commiſſionnaire ne l'ait pas rendue.

COLOMBINE.

Je vous dis que je l'ai vu de mes yeux le remettre entre les mains du domeſtique de Monſieur Florinde.

ROSAURE.

Et il ne répond pas?

COLOMBINE.

Il n'aura pas eu le tems.

ROSAURE.

Et il partira sans me faire réponse?

COLOMBINE.

Cela peut arriver. Quiconque s'amourache d'un étranger, ne doit pas s'attendre à autre chose.

ROSAURE.

Non, cela me paroît impossible. Florinde sçait trop bien vivre, pour faire une si mauvaise action. Il ne partira point sans me répondre.

COLOMBINE.

Et s'il vous répond, en serez-vous plus avan-cée ?

ROSAURE.

Pourvu qu'il me réponde, ce sera quelque chose.

SCENE XI.

OCTAVE, ROSAURE, COLOMBINE.

OCTAVE.

Toujours oisives, sans jamais rien faire. *Il passe & sort.*

COLOMBINE.

A qui diable en veut ce vieil avare ? Il murmure toujours quelque chose entre ses dents.

ROSAURE.

Que je voudrois être débarrassée de ses manieres importunes.

OCTAVE *revient avec une quenouille & un tricot.*

Mes belles Demoiselles , vous reſtez toujours les bras croiſés à ne rien faire. Tenez , divertiſ-ſez-vous. (*Il donne le tricot à Roſaure.*) Tenez , apprenez à paſſer votre tems. (*Il donne la que-nouille à Colombine.*

COLOMBINE.

Oh , ce filage m'ennuie.

OCTAVE.

Et moi je ſuis ennuyé du pain que tu me manges. Sçais-tu que depuis deux ans & un mois que tu es dans ma maiſon , tu as mangé 2280 quar-terons de pain ?

COLOMBINE.

Oui , & vous ſçavez ſans doute auſſi , combien j'ai bu de verres de vin.

OCTAVE.

Tu ſçais fort bien boire & manger , mais non pas travailler.

ROSAURE.

Ne la mortifiez point ; c'eſt une bonne enfant , qui fait tout dans la maiſon. Ce butor de Trappo-la ne fait rien : Colombine eſt chargée de tout.

OCTAVE.

Trappola eſt le meilleur domeſtique que j'aie jamais eu.

ROSAURE.

En quoi consiste donc son mérite ?

OCTAVE.

Je ne lui donne point de gages ; il se contente de pain, de vin, & de soupe. Quelquefois je lui donne un œuf ; mais aujourd'hui que j'en ai cassé quatre, il n'en a point eu.

COLOMBINE.

Eh bien, si vous ne lui donnez point de gages, il volera sur la dépense.

OCTAVE.

Il me volera ? Vous voulez dire qu'il vole ? Il est possible qu'il me vole ; mais si je m'en apperçois, je le chasse sur le champ.

ROSAURE.

Et qui vous servira alors ?

OCTAVE.

Je n'ai besoin de personne ; je me servirai moi-même. J'irai au marché, & si j'achete des œufs, ils ne passeront pas par ce cercle. *Il montre la mesure.*

COLOMBINE.

Vous êtes un avare.

OCTAVE.

Oui, celui qui est pauvre, on l'appelle avare. Oh ça, va sasser le son que l'on vient de rapporter du moulin ; & de la farine que tu en retireras, fais-moi pour ce soir une bonne petite soupe,

avec

avec deux larmes d'huile.

C O L O M B I N E.

Voulez-vous faire de la cole pour vous boucher les boyaux ?

O c T A V E.

Mais avec cette farine que vous confommez à vous poudrer, on en feroit au bout de l'année du pain & de quoi en remplir un grand fac.

C O L O M B I N E.

Mais avec la graiffe dont vos habits font couverts, on feroit bien des ragoûts.

O c T A V E.

Impertinente ! Sors d'ici.

C O L O M B I N E.

Pourquoi me chaffez-vous ?

O c T A V E.

Va-t-en ; je veux parler à ma fille.

C O L O M B I N E.

A la bonne heure ; j'irai faire une bonne chofe.

O c T A V E.

Que feras-tu ?

C O L O M B I N E.

Une chofe utile pour la maifon.

O c T A V E.

Très - bien, Colombine ; dis moi, qu'as - tu deffein de faire ?

f

COLOMBINE.

Je prierai le Ciel de vous faire crever bien-tôt.
Elle sort.

SCENE XII.

OCTAVE, ROSAURE.

OCTAVE.

AH malheureuse ! C'est ainsi qu'elle parle à son
maître.

ROSAURE.

Pardonnez-lui ; elle dit cela en badinant.

OCTAVE.

Je veux la chasser.

ROSAURE.

Si vous voulez la renvoyer, souvenez-vous
qu'il lui est dû une année de gages.

OCTAVE.

Il suffit ; dites-lui, d'être plus retenue. J'ai à
vous parler, ma fille, d'une affaire fort impor-
tante.

ROSAURE.

Je vous écoute attentivement.

OCTAVE.

Dites-moi, aimez-vous votre pere ?

ROSAURE.

Je l'aime tendrement.

(83)

O C T A V E.

Voudriez-vous me voir mourir ?

R O S A U R E.

Le Ciel me préserve d'un pareil malheur !

O C T A V E.

Auriez-vous le cœur de m'égorger ?

R O S A U R E.

Ne me dites pas des choses qui me font frémir.

O C T A V E.

Eh bien, si vous ne voulez point me voir mourir, si vous ne voulez pas vous-même m'égorger,
ma chere fille, ne m'obligez point à me priver de
tout ce que j'ai au monde, pour vous donner en
dot le bien que vous a laissé votre mere.

R O S A U R E.

Si vous ne voulez pas me donner ma dot, il ne
sera donc plus question de mariage ?

O C T A V E.

Eh bien, n'en parlons plus jamais.

R O S A U R E.

Mais Monsieur Lélio, avec qui vous avez pris
un engagement ?

O C T A V E.

S'il veut vous prendre sans dot, à la bonne
heure ; sinon, nous déchirerons le contrat.

R O S A U R E.

Oui, oui, déchirons-le. (Voilà ce que je dé-

f ij

fire.) Lélio ne voudra pas de moi fans dot.
OCTAVE.
Mais n'eft-il pas poffible que vous trouviez un mari qui vous époufe fans dot ? Il en eft tant & tant qui ont eu le même bonheur ; pourquoi ne l'auriez vous pas ?
ROSAURE.
Réflexion faite, je ne me foucie pas de me marier.
OCTAVE.
Mais, ma chere Rofaure, je ne fçais plus comment faire pour fournir à votre entretien.
ROSAURE.
En ce cas, il faudra bien me marier.
OCTAVE.
Tâchons donc d'y parvenir, mais fans dot.
ROSAURE.
Perfonne à Bologne ne voudra de moi à cette condition.
OCTAVE.
Dis moi un peu, ce Vénitien me paroît un galant-homme.
ROSAURE.
Certainement, M. Florinde eft un garçon aimable & poli.
OCTAVE.
Il me fait toujours des préfens.

ROSAURE.

Oh, il est très-généreux ; il en a fait aussi à Colombine.

OCTAVE.

Oh, il a donné à Colombine ? Et combien ?

ROSAURE.

Trois écus à diverses fois.

OCTAVE.

Fort bien, cela ira en déduction de ses gages. Mais si ce M. Florinde avoit de l'amour pour toi, il me semble qu'on pourroit conclure sans cette bagatelle de dot.

ROSAURE.

(Plût au Ciel !)

OCTAVE.

Quel besoin a-t-il de dot ? Il est fils unique, riche, généreux ; ce seroit bien ton affaire. Dis-moi, ma chere Rosaure, le prendrois-tu ?

ROSAURE.

Pourquoi non ? Mais Lélio...

OCTAVE.

Lélio exige la dot.

ROSAURE.

Il suffit, nous en parlerons.

OCTAVE.

A présent que cette idée m'est venue, je n'aurai point de repos que je ne la voie exécutée.

SCENE XIII.

COLOMBINE, OCTAVE, ROSAURE.

COLOMBINE.

MAdemoiselle , M. Florinde demande la permission de vous rendre ses devoirs.

ROSAURE.

Monsieur Florinde ?

OCTAVE.

Voilà la caille dans les filets.

ROSAURE.

Dis-lui qu'il est bien le maître.

COLOMBINE.

A l'instant je vous l'envoye.

OCTAVE.

Ne t'a-t-il rien donné ?

COLOMBINE.

Que voulez-vous dire ?

OCTAVE.

Suffit , suffit ; c'est à compte de tes gages.

COLOMBINE.

Si vous ne me les payez pas , je sçaurai bien où les prendre.

OCTAVE.

Où ? Comment ?

COLOMBINE.

Dans cette maudite caffette. *Elle fort.*

SCENE XIV.

OCTAVE, ROSAURE.

OCTAVE.

QUelle caffette ? Je n'ai point de caffette.
J'ai un coffre rempli de vieilles hardes, voilà tout.
Maudit foit qui parle de caffette ! Que je le fois
moi-même, fi j'ai de l'argent !

ROSAURE.

Mon pere, tranquillifez-vous de grace. Ne
vous échauffez pas.

OCTAVE.

Cette coquine veut me faire mourir.

ROSAURE.

Voici Florinde.

OCTAVE.

Dis-lui quelques bonnes paroles. S'il a de l'inclination pour toi , fais enforte qu'il me parle ;
j'arrangerai tout enfuite.

ROSAURE.

Et s'il vouloit auffi une dot ?

OCTAVE.

En ce cas la chofe en reftera là.

ROSAURE.

Il faudroit mettre la main à la caffette.

OCTAVE.

Puiffent tomber les dents à qui parle de cette caffette ! Si tu efpéres te marier avec la dot que renferme cette caffette, tu feras mariée lorfque les ânes voleront. Une caffette ? Moi une caffette ! Sçais-tu quelle eft ma caffette ? La voilà : c'eft toi qui es mon tréfor. J'efpere qu'on t'époufera fans dot, & que ton mari fera encore les frais pour moi. *Il fort.*

SCENE XV.

ROSAURE *feule.*

C'Eft une étrange paffion que l'avarice ! Mon pere fe fait pauvre, & refufe de me donner une dot ; mais fi cela peut contribuer à rompre l'engagement pris avec Lélio, je ne manquerai pas de le feconder. Si le deftin ne me veut point accorder Florinde pour époux, je ne me foucie point d'en avoir un autre. Mais le voici.

SCENE XVI.

FLORINDE, ROSAURE.

FLORINDE.

Vous me trouverez sans doute bien hardi, Mademoiselle, de vous embarrasser deux fois en un jour de mes visites.

ROSAURE.

Vous me faites de la peine en parlant ainsi. Vos visites me sont toujours cheres, & aujourd'hui je les désire plus que jamais.

FLORINDE.

Je dois réponse à une de vos lettres remplie de bontés.

ROSAURE.

Vous me faites rougir en me parlant aussi ouvertement de ma foiblesse.

FLORINDE.

On n'a point à rougir d'une passion réglée par la prudence.

ROSAURE.

Monsieur, avant de parler d'autre chose, dites-moi de grace si vous êtes encore résolu de partir demain ?

FLORINDE.

Je vois que j'y serai forcé.

ROSAURE.

Par quel motif?

FLORINDE.

Pour qu'un amour trop violent ne m'expofe à trahir un ami.

ROSAURE.

Vous m'aimez donc?

FLORINDE.

Il eſt juſte que je déclare mon fecret à qui m'a confié le fien. Rofaure, je vous ai aimée dès le premier jour que je vous ai vûe, & aujourd'hui plus que jamais.

ROSAURE.

Vous m'aimez, & vous avez le courage de m'abandonner.

FLORINDE.

Il faut faire des efforts pour fauver les bien-féances, & pour ne point s'expofer au blâme & au ridicule.

ROSAURE.

Mais s'il fe trouvoit des moyens fûrs & faciles d'engager Lélio à vous céder fes droits, rece-vriez-vous ma main avec plaifir?

FLORINDE.

Il eſt fuperflu de raiſonner fur un événement ſi peu vraifemblable.

ROSAURE.

Je vous conjure de m'écouter. Asseyez vous un moment.

FLORINDE.

Mademoiselle , il faut que je m'en aille.

ROSAURE.

Je ne vous demande que cette grace. Auriez-vous le cœur de me la refuser ? Asseyez-vous pour un moment. Ecoutez-moi , & puis vous vous en irez.

FLORINDE.

(J'y suis ; il faut bien y rester.) *Ils s'asseoient.*

ROSAURE.

J'espere , au moyen de la confidence que je vais vous faire sur l'intérieur de ma famille , vous mettre en état d'espérer ce qui vous semble si difficile. Sachez que mon pere....

SCENE XVII.

LELIO, FLORINDE, ROSAURE.

LELIO.

O Mon ami, j'ai bien du plaisir à vous retrouver ici.

FLORINDE.

J'étois ici....pour vous, Lélio...je vous cherchois. *Il se leve.*

LELIO.

Restez donc, je vous prie, ne vous dérangez pas.

ROSAURE.

Monsieur, entrer ainsi sans vous faire annoncer, me paroît un procédé bien familier.

LELIO.

C'est une liberté qu'une future épouse peut permettre à l'époux qui lui est destiné.

ROSAURE.

Les maris mêmes ne la prennent pas toujours.

LELIO.

C'est vrai. Il y a des maris qui ne prennent pas cette liberté avec les femmes, de peur d'importuner.

FLORINDE.

Je suis fâché d'être la cause...

LELIO.

Non, rien du tout. Je prends les reproches de Mademoiselle pour un caprice. Mademoiselle, me permettez-vous aussi de m'asseoir ?

ROSAURE.

Vous êtes le maître.

LELIO.

Vous serez entre Florinde & moi. Nous sommes deux amis qui formons une seule personne. Tournez-vous de son côté ; tournez-vous du mien, c'est la même chose.

ROSAURE.

Si c'est la même chose pour vous, il n'en est pas de même pour moi.

FLORINDE *à part.*

Ni pour moi.

LELIO.

Afin de vous mettre plus à votre aise avec Florinde, apprenez que non-seulement il est mon ami, mais encore mon beau-frere.

FLORINDE.

Je suis confondu.

ROSAURE.

Votre beau-frere ? Comment ?

LELIO.

Incessamment il épousera Beatrix ma sœur.

ROSAURE *à Florinde d'un ton ironique.*

Monsieur, je m'en réjouis fort.

FLORINDE.

Ne voyez-vous pas que Lélio plaisante ?

LELIO.

Non, non ; je parle sérieusement.

ROSAURE *à Florinde de même.*

Je m'en réjouis fort.

FLORINDE.

N'en croyez rien ; il s'amuse.

LELIO.

Florinde, je n'ai point cru violer le secret en le confiant à Mademoiselle. Elle est prudente & circonspecte : d'ailleurs devant être mon épouse, il faut bien qu'elle le sçache.

ROSAURE *à Florinde de même.*

Je ne devois pas le sçavoir ?

FLORINDE *à part.*

Je meurs de douleur.

ROSAURE.

Il ne partira donc pas demain pour Venise ?

LELIO.

Je vous le laisse à penser. Non certainement ; il ne partira pas.

ROSAURE *à Florinde de même.*

Cependant on m'avoit dit qu'il partiroit.

FLORINDE.

Oui, Mademoiselle, & sans aucun délai.

LELIO.

Mon cher ami, vous me faites rire : ceci doit se sçavoir. Il y a un mois qu'il est amoureux de ma sœur, & ce n'est que de ce matin qu'il l'a déclaré par une lettre.

ROSAURE à *Florinde ironiquement.*

Par une lettre ?

FLORINDE.

Pour l'amour du Ciel, ne croyez rien de ce qu'il vous dit.

LELIO.

Oh, avec votre permission, je ne veux point passer pour un menteur auprès de Mademoiselle. Voyez la lettre qu'il écrivoit à ma sœur....*Il remet la lettre à Rosaure.*

ROSAURE à *Florinde ironiquement.*

Fort bien ; j'en suis enchantée.

FLORINDE.

Dans cette lettre le nom de Beatrix ne se trouve nulle part.

ROSAURE.

Allons, Monsieur, ne vous gênez pas de dire la vérité. Au bout du compte, Béatrix est bien digne de vous. Je vois par cette lettre que vous l'aimez véritablement.

FLORINDE.

Je ne vois point du tout que cette lettre le dise.

LELIO.

Je vous repete que nous pouvons bien parler ici en liberté. Nous sommes trois personnes inté-ressées à l'affaire : hors nous personne ne la sçaura. Mais ne me faites point passer pour un visionnaire. Ne m'avez-vous pas dit que vous étiez amoureux de ma sœur ? N'êtes-vous pas convenu que nous fixerions le jour des nôces ?

FLORINDE.

Il me semble vous avoir dit que nous en par-lerions.

ROSAURE.

Mon cher Monsieur Florinde , faites prompte-ment ce que vous avez à faire.

FLORINDE.

De grace ne me tourmentez pas.

LELIO.

Je vous ai ajouté que nous ferions les deux mariages en même tems, & que vous donneriez la main à Beatrix , lorsque je la donnerois à Ro-saure.

ROSAURE.

Florinde , si vous attendez à finir votre ma-riage , que le mien avec Lelio soit conclu , je doute que l'impatience de votre amour s'accom-mode

mode d'un pareil délai. Mon pere ne peut me donner de dot ; je suis tout-à-fait indigente ; & un mariage de cette espéce ne convient point à la maison de Monsieur : j'aurois trop de reproches à essuyer de la part de sa famille. Pressez donc l'himen que vous projettez, mais ne pensez plus au mien. Pour ce qui me regarde, je vois trop que la fortune me persécute, que les hommes se jouent de moi, & que pour me rendre malheureuse, celui même qui vante le prix de la probité la plus rigoureuse, se fait une gloire de mentir avec moi. *Elle sort.*

SCENE XVIII.

FLORINDE, LELIO.

FLORINDE *à part.*

CEci me regarde, & il faut me taire.

LELIO.

Ami, avez-vous entendu ?

FLORINDE.

Oui, j'ai vû comment vous m'avez tenu parole.

LELIO.

Je vous demande pardon ; mais il n'y a aucun inconvénient à l'avoir dit à Rosaure.

FLORINDE.

Lorsque je vous ai recommandé un secret ab-
solu, je n'ai excepté personne. Croyez-moi, cette
indiscrétion me fâche.

LELIO.

De grace, si vous êtes mon ami, pardonnez-
moi, je vous en prie.

FLORINDE.

Oui, nous sommes amis, & on passe tout à son
ami. J'oublie volontiers ce petit déplaisir en faveur de l'amitié.

LELIO.

Je sens de plus en plus le prix d'un véritable
ami, qui sçait même excuser mes écarts & mes
fautes. Mais, mon cher Florinde, avez-vous entendu ? Rosaure est sans dot.

FLORINDE.

C'est un grand malheur pour une jeune personne.

LELIO.

Que me conseilleriez-vous de faire ? L'épouse-
rai-je ? Faut-il y renoncer ?

FLORINDE.

Je ne sçais que dire. Je n'ai pas trop de toute
ma tête pour vous donner sur le champ un conseil
dans une pareille conjoncture.

LELIO.

Eh bien, réfléchissez-y. Je vais parler à son pere, & je vous rejoins ensuite. Attendez-moi ; nous sortirons ensemble. Je veux me conduire entiérement par vos conseils. Si vous me conseillez d'épouser, j'épouserai : si au contraire vous me dites de me retirer, je me retirerai. Je l'aime ; mais je ne voudrois pas me ruiner. Pensez-y ; & si vous m'aimez, disposez-moi à faire tout ce que vous feriez vous-même à ma place. Ami, je remets mon sort entre vos mains. *Il sort.*

SCENE XIX.

FLORINDE *seul.*

IL ne me manquoit plus que cela ! Il faut que je donne conseil sur une chose qui de toute maniere doit me porter préjudice. Si je lui conseille d'épouser, je fais deux maux ; l'un à lui, l'autre à moi. A lui, en l'engageant à se marier sans dot. L'autre à moi-même, en me privant de l'espérance d'être jamais à ma chere Rosaure. Si je lui conseille d'y renoncer, il en résulte trois inconvéniens. Un par rapport à Lélio, en le privant d'une personne qu'il aime ; un autre par rapport à Rosaure, en l'empêchant de se marier. Et un troisiéme pour moi, parce que si je l'épouse, mon ami dira que je lui ai conseillé d'y renoncer, pour pouvoir la prendre. Que dois-je donc faire ? J'ai besoin moi-même d'être aidé, d'être éclairé.

Fin du second Acte.

ACTE TROISIEME.

SCENE PREMIERE.

Chambre à coucher d'Octave.

OCTAVE *seul , regarde s'il n'y a personne ,*
& ferme la porte.

ICi personne ne viendra me rompre la tête. Qui
que ce soit n'osera mettre les pieds dans cette
chambre où je couche. Je ne veux point que les
domestiques ayent connoissance de mes affaires ,
que sous prétexte de faire mon lit, de nettoyer
ma chambre , ils voyent cette cassette qui est ca-
chée là-dessous. Ils n'ont que trop entrevû la
grande où je mets l'argent blanc; & je suis bien fâché qu'elle soit enchassée dans le mur de maniere
à ne pouvoir être portée ici. Mais enfin ce n'est
pas la plus garnie. (*Il tire une cassette de dessous le*
lit.) Voilà mon cœur, mon idole ; ceci renferme
mon cher or , mon or bien aimé. O cassette ado-
rable ! souffre que je te revoie , que je me con-
sole , que je me récrée & me nourrisse en te ca-
ressant. Tu es mon pain, tu es mon vin , ma

g iij

bonne chere, mon paſſe-tems, ma converſation la plus délicieuſe. Que les oiſifs aillent aux théâtres, aux aſſemblées, aux feſtins; moi je danſe quand je te vois. Je jouis lorſque mes yeux contemplent le doux ſpectacle de ce bel or. Cher or, tu es la vie de l'homme, la conſolation des malheureux, le ſoutien des Grands, le vrai tourment des cœurs! Ah, que le cœur me tremble quand je viens te viſiter: je crains toujours que quelque main avide ne t'ait diminué. Hélas! il y a trois jours que je ne l'ai augmenté. Pauvre caſſette! ne penſes pas que je t'aye ôté mon amour. Si je mange, je penſe à toi; ſi je dors, je rêve à toi: toi ſeule eſt l'objet de tous mes ſoins. Pour t'accroître, ma chere caſſette, je riſque mon argent à vingt pour cent, & j'eſpere en moins de dix ans te donner une compagne qui ne ſera pas moins grande & moins pleine que toi. Ah, ſi je pouvois vivre mille ans! Si chaque année je pouvois acquerir une nouvelle caſſette ſemblable à toi, & mourir au milieu de mille caſſettes!....... Mourir? Il faudra donc mourir? Pauvre caſſette! Il faudra t'abandonner? Ah, quelle affliction! Allons, vîte. Laiſſe-moi voir cet or, conſole-moi; je n'en puis plus. (*Il ouvre.*) O belles monnoies de Portugal! Que vous êtes bien frappées! Je me ſouviens de vous avoir gagnées pour du bled

que j'avois recelé dans un tems de difette. On en-
tendoit par-tout des malheureux demander du
pain en pleurant ; & moi je fongeois à gagner des
doublons de Portugal. O les beaux fequins ! Mes
chers fequins, tous trébuchans & qui femblent
fortir du balancier ! Je vous ai eus de ce fils de famille, qui pour cent écus de capital a vendu une
terre pour me payer après la mort de fon pere. La
belle chofe ! Cent écus de capital m'en ont produit trois mille en trois ans.

SCENE II.

TRAPPOLA, OCTAVE.

TRAPPOLA *au fond de la chambre avance la
tête hors de la tapifferie, obferve l'avare & dit
à part.*

O Le maudit vieillard ! Que d'or !

OCTAVE.

Ces piftoles d'Efpagne font mal formées, mais
elles font d'un or très-parfait ; & ce qui les rend
plus eftimables, elles font toutes de poids.

TRAPPOLA à part.

Oh, moi, je les rendrai légeres.

OCTAVE.

Je les ai mis en échange de pareille fomme,

g iv

en efpéces d'argent moulées , que m'avoient ap=
porté en fecret d'honnêtes gens de ma connoiffan-
ce qui vivent à la campagne pour épargner le
loyer de la maifon. C'eft une chofe bien dure que
ce loyer. Quand il faut le payer , une fueur froide
s'empare de moi. Que j'acheterois volontiers une
maifon ! mais je n'ai pas le cœur de dépenfer deux
mille écus.

TRAPPOLA *jette une petite pierre vers la caffette ,*
& fe cache.

O C T A V E.

O Ciel ! Que vois-je? Au fecours ! Le lit tombe,
la maifon s'écroule. Ma chere caffette , faffe le
Ciel que tu ne reftes pas enfevelie fous fes ruines!

T R A P P O L A.

O quel avare ! Il craint plus pour fon tréfor
que pour fa vie. *Il éternue & fe cache.*

O C T A V E.

Qui eft là ? Qui va là ? Au fecours ! Malheureux que je fuis ! Il y a quelqu'un dans ma chambre, je fuis affaffiné...Mais non ; il n'y a perfonne,
la porte eft fermée. J'ai des rats. Mon cher or....

T R A P P O L A *contrefaifant la voix forte.*

Laiffe là ton or , laiffe-le.

O C T A V E.

Qui parle ? Comment ? Où êtes-vous ? Qui
êtes-vous ?

T R A P P O L A.

Le diable. *Il fe retire.*

SCENE III.

OCTAVE *seul.*

OHi, ohi! Ah, méchant diable, que cher-ches-tu? Que veux-tu? Si tu viens pour prendre quelque chofe, prends-moi, & laiffe mon or en paix. Cachons-le promptement, fermons, je n'en puis plus de frayeur. J'aurois befoin d'un peu d'eau; mais auparavant je veux cacher ma caffette. Ah, je n'en puis plus....Trappola....mais non, je ne veux pas qu'il voye ma caffette. Je la remettrai fous le lit....Mais les forces me man-quent : l'adreffe y fuppléera. O diable, laiffe mon or en paix, laiffe-m'en jouir encore un peu! *Il pouffe la caffette fous le lit.* Enfin la voilà remife à fa place : à-préfent je vais boire de l'eau à caufe de la frayeur que j'ai eue. Eft-elle bien ca-chée? Ne l'apperçoit-on pas? Elle feroit mieux ici....Mais j'ai befoin de boire. Je ne ferai qu'al-ler & revenir. Je ne tarderai pas; deux verres d'eau, & je fuis ici...*Il ouvre & rencontre Lélio.*

SCENE IV.

LELIO, OCTAVE.

OCTAVE.

AU secours, le diable.

LELIO.

Qu'avez-vous donc, Monsieur ?

OCTAVE.

Ah, je n'en puis plus.

LELIO.

Que vous est-il arrivé ?

OCTAVE.

Que cherchez-vous ici ?

LELIO.

Je venois vous parler.

OCTAVE.

Sortez, je ne reçois personne ici.

LELIO.

Je n'ai que deux mots à vous dire, & je m'en
vais.

OCTAVE.

Dépêchez donc... Je n'en puis plus...

LELIO.

Mais qu'avez-vous ?

OCTAVE.

J'ai eu peur.

LELIO.

De quoi ?

OCTAVE.

Je n'en sçais rien,

LELIO.

Prenez quelque liqueur forte pour vous remettre.

OCTAVE.

Je n'ai rien de semblable dans ma maison.

LELIO.

Faites-vous tirer un peu de sang.

OCTAVE.

Je n'ai pas de quoi payer le Chirurgien.

LELIO.

Buvez de l'eau.

OCTAVE.

A la bonne heure, allons.

LELIO.

Allez, je vous attendrai ici.

OCTAVE.

Non, s'il vous plaît ; venez avec moi.

LELIO.

J'ai à vous parler en secret.

OCTAVE.

Eh bien, parlez.

LELIO.

Allez auparavant boire de l'eau.

OCTAVE.

Je me sens un peu mieux, parlez.

LELIO.

Vous sçavez que mon mariage avec votre fille est convenu entre nous.

OCTAVE.

Ah, de l'eau ! Je n'en puis plus.

LELIO.

Mais je vois bien des difficultés à conclure. Allez boire, & nous n parlerons après.

OCTAVE.

Cela se passe, cela se passe. Parlez.

LELIO.

Vous m'avez promis six mille écus de dot.

OCTAVE.

De l'eau, de l'eau ; je me meurs.

LELIO.

Un mot, & je finis. J'ai entendu dire à votre fille que vous n'aviez pas cet argent.

OCTAVE.

Cela n'est que trop vrai.

LELIO.

Allez donc boire, & nous parlerons.

OCTAVE.

Cela se passe. Terminons ce discours.

LELIO.

Pensez-vous marier votre fille sans dot ?

O C T A V E.

Eh bien, je ne la marierai pas.

L E L I O.

Et l'engagement que vous avez avec moi.

O C T A V E.

Si vous voulez que l'engagement tienne, pre-
nez-la, mais sans dot.

L E L I O *avec émotion.*

L'épouser sans dot ?

O C T A V E.

Si cela ne vous convient pas, laissez-la.

L E L I O.

Me promettre la dot, & me manquer de parole ! *Il se promene en colere.*

O C T A V E.

Monsieur, allons-nous en.

L E L I O.

Je ne me serois jamais attendu à pareille chose.
Il s'avance vers le lit.

O C T A V E.

Où allez-vous ? La porte est de ce côté.

L E L I O.

Il faudra donc renoncer à Rosaure ?..... *Encore*
de même.

O C T A V E.

Mais moi, je n'en puis plus.

(110)
LELIO.

Puissiez-vous en crever ; Que le Ciel m'entende ! L'épouser sans dot, ou y renoncer !
OCTAVE.

L'un des deux.
LELIO.

Il faut que je ruine ma famille , ou que je me
prive d'une personne que j'aime tant.
OCTAVE.

Avez-vous fini votre promenade ?
LELIO.

Hei ! je suis tout en feu.
OCTAVE.

Où allez-vous ?
LELIO.

Laissez-moi m'asseoir un peu. *Il s'assied sur
le lit.*

OCTAVE *à part.*

Ah , malheureux que je suis ! Ma cassette !
LELIO *en se levant.*

Mais non.
OCTAVE.

Je respire.
LELIO.

Je parlerai à Florinde.
OCTAVE.

Oui , Monsieur.

LELIO.

Je prendrai un parti.

OCTAVE.

Oui, Monsieur.

LELIO.

Vous creverez.

OCTAVE.

Oh non, Monsieur.

LELIO.

Oui, vous creverez, & alors on verra si vous
êtes pauvre, ou si vous avez de l'argent. *Il sort.*

OCTAVE.

Je suis pauvre, je n'ai point d'argent. Enfin il
est parti. Adieu, cassette, adieu ma chere. Je
vais & reviens. Je te laisse mon cœur. *Il sort.*

SCENE V.

Chambre de Rosaure avec des lumieres.

ROSAURE *seule.*

ESt-il donc vrai que Florinde m'abuse ? Qu'il
se montre sensible à mon amour en même tems
qu'il conclut son mariage avec Beatrix? Mais pourquoi me dire qu'il part, si ce mariage le devoit
arrêter ? Non, cela me paroît impossible, je ne
le puis croire. Je doute cependant que Lélio ait

imaginé une pareille fable sur quelque soupçon qu'il auroit conçu de Florinde & de moi , dans le dessein de lire par ce moyen au fond de mon cœur. Florinde même n'a-t-il pas confirmé en présence de Lélio qu'il aimoit Beatrix? Il peut l'avoir dit cependant pour entrer dans le sens de son ami. Mais s'il m'aimoit véritablement , il ne m'auroit pas causé un si cruel tourment. Je ne sçais que dire : je ne sçais que penser.

SCENE VI.

COLOMBINE , ROSAURE, *& en dedans* BEATRIX.

COLOMBINE.

Mademoiselle , voici une visite.

ROSAURE.

Et qui est-ce ?

COLOMBINE.

Mademoiselle Béatrix vient vous voir.

ROSAURE.

Faites-la entrer : elle arrive fort à propos.

COLOMBINE.

Lorsqu'elle sera sortie , j'aurai de belles choses à vous dire.

ROSAURE.

Et quoi donc ?   COLOMBINE.

COLOMBINE.

Je vous le dirai.

ROSAURE.

Apprens le moi en ce moment ?

COLOMBINE.

Mademoiselle Béatrix attend.

ROSAURE.

Qu'elle attende. Satisfais ma curiosité.

COLOMBINE.

Trappola a découvert la cassette où est l'or de votre pere.

ROSAURE.

Où ?

COLOMBINE.

Dans sa chambre, sous le lit.

BEATRIX *du dedans*.

Mademoiselle Rosaure est-elle à la maison ?

COLOMBINE.

Un moment, je vais.

ROSAURE.

Y a-t-il beaucoup d'or ?

COLOMBINE.

Oh, beaucoup.

ROSAURE.

Comment l'a-t-il vû ?

COLOMBINE..

Oh, vous êtes plus curieuse que moi. Nous en parlerons....*Elle sort.*

h

SCENE VII.

ROSAURE, *ensuite* BEATRIX.

ROSAURE.

QUe l'héritage de cet or me seroit bien plus précieux, si je pouvois en jouir, unie au sort de mon cher Florinde !

BEATRIX.

Excusez une amie.

ROSAURE.

Je vous demande pardon, si je vous ai fait attendre ; je n'étois qu'à moitié habillée.

BEATRIX.

Soit, soit, passe pour un petit mensonge. J'y ai bien recours moi-même quelquefois.

ROSAURE.

Pourquoi m'accusez - vous de mensonge ?

BEATRIX.

Parce que j'ai vû par la portiere qu'il n'en étoit rien.

ROSAURE.

Et moi je n'ai employé ce mensonge, que pour découvrir si vous êtes de celles qui se plaisent à être supérieurement curieuses.

BEATRIX.

Restons-en la. Je ne veux, ni vous répondre,

ni me fâcher. Nous sommes amies. Nous devons être belles-sœurs, & je viens vous faire part d'un événement agréable & prochain.

ROSAURE.

Je l'apprendrai avec bien de la joie.

BEATRIX.

Mon frere ne vous en a-t-il rien dit ?

ROSAURE.

Je ne sçais de quoi vous voulez me parler.

BEATRIX.

Ne vous a-t-il pas instruite de mon mariage ?

ROSAURE.

(Ah, cela n'est donc que trop vrai !) Il m'en a touché quelque chose.

BEATRIX.

Fort bien. Je vous dirai donc que l'amour de Florinde pour moi a été enfin découvert, & qu'incessamment il sera mon époux.

ROSAURE *d'un ton ironique.*

Je m'en réjouis fort.

BEATRIX.

Je vous assure que je suis au comble de mes vœux.

ROSAURE.

Je le crois. Mais êtes-vous bien sûre de l'amour de Florinde ?

BEATRIX.

Si j'en suis sûre ? Il m'adore. Le pauvre garçon

Il a souffert pendant un mois entier ; enfin, il n'a
pu garder le silence plus long-tems.

ROSAURE.

Certainement, il ne pouvoit pas faire moins
que de devenir amoureux de vous.

BEATRIX.

Oh, j'en aurois perdu l'esprit, si dans l'espace
d'un mois je n'avois pas eu le talent d'inspirer de
l'amour à un homme.

ROSAURE.

Comment avez-vous fait pour le rendre amoureux ?

BEATRIX.

Et vous, comment vous y êtes-vous prise pour
donner de l'amour à mon frere ?

ROSAURE.

Votre frere s'est épris de six mille écus de dot.

BEATRIX.

Oh, je serois honteuse qu'on voulût m'épouser à cause de mon bien.

ROSAURE.

Et moi je le serois, s'il falloit me marier sans
dot.

BEATRIX.

Quoique je n'en aye point, il s'est présenté
pour moi plus de cent partis.

ROSAURE.

Mais vous n'avez conclu avec aucun.

BEATRIX.

Cette fois-ci c'eſt une affaire arrangée.

ROSAURE.

L'eſt-elle déja ?

BEATRIX.

Elle s'arrangera.

ROSAURE.

Il y a bien de la différence entre ce qui eſt, &
ce qui ſera.

BEATRIX.

Tenez, nous ſommes amies , je ſçais que vous
me voulez du bien ; mais avouez - le , vous êtes
taht ſoit peu envieuſe.

ROSAURE.

Cela eſt vrai, j'envie votre mérite.

BEATRIX.

Non , non , c'eſt plutôt mon ſort.

SCENE VIII.

COLOMBINE, BEATRIX, ROSAURE.

COLOMBINE.

Mademoiselle, voici encore une visite.

ROSAURE.

Qui est-ce ?

COLOMBINE.

Monsieur Florinde.

BEATRIX.

Voyez, s'il m'aime ? Il a sçu que j'étois ici, & il n'a pû résister au plaisir de venir m'y trouver.

ROSAURE à COLOMBINE.

Qui a-t-il demandé ?

COLOMBINE.

Vous, Mademoiselle.

BEATRIX.

On sçait bien que la bienséance veut qu'on demande à voir la maîtresse de la maison.

ROSAURE à COLOMBINE.

Sçait-il que Mademoiselle est ici ?

COLOMBINE.

Je ne lui en ai rien dit.

BEATRIX.

Oh, certainement il le sçait. Il me suit par

tout ; il épie tout ce que je fais.

ROSAURE.

Je m'en réjouis fort.

COLOMBINE.

Entrera-t-il, ou n'entrera-t-il pas ?

BEATRIX.

Ouî, qu'il entre.

ROSAURE.

Sans doute. Mademoiselle l'ordonne. Faites entrer.

COLOMBINE.

(Voilà deux Dames qui paroissent s'aimer beau-coup.) *Elle sort.*

SCENE IX.

ROSAURE, BEATRIX.

BEATRIX.

Florinde est appellé à Venise par ses affaires ; & il voudra hâter notre mariage. Ainsi, ma chere Rosaure, je crois qu'il se fera avant le vôtre.

ROSAURE *d'un ton ironique.*

Cela me fera grand plaisir.

BEATRIX.

Viendrez-vous à mes nôces ?

ROSAURE *de même.*

Assurément.

BEATRIX.

Vous dites cela avec une bouche pincée.

ROSAURE.

Vous qui êtes la mariée, vous avez le cœur en-
sucré.

BEATRIX.

Le voilà, le voilà; n'est-il pas charmant?

ROSAURE *à part.*

(Je ne puis la souffrir.)

SCENE X.

FLORINDE, ROSAURE, BEATRIX.

FLORINDE *à part.*

Comment, Béatrix ici?

BEATRIX.

Venez, venez, Florinde, ne vous gênez point:
Rosaure est de nos amies, & presque notre pa-
rente.

FLORINDE *à part.*

Quel fâcheux embarras!

ROSAURE.

Que dit Monsieur Florinde? Ma présence vous
trouble? Je vous empêche de faire votre cour à
votre future épouse. Je me retirerai pour vous
mettre à votre aise.

FLORINDE.

Non, de grace, écoutez...

ROSAURE.

Qu'écouterois-je ? Les tendres discours que vous lui tiendrez ? Cela ne me convient nullement. Si l'amour que vous avez pour Mademoiselle, si l'impatience de la revoir vous a conduit ici, je ne dois point être témoin de vos entretiens amoureux.

FLORINDE.

Ne croyez point que je fois venu...

ROSAURE.

Je fçais pourquoi vous êtes venu. Voilà votre épouse, voilà votre chere Béatrix, jouiffez de fa préfence : je me retire de peur de vous gêner, ou de vous diftraire.

FLORINDE.

Arrêtez...

ROSAURE.

Vous m'étonnez. Connoiffez mieux votre devoir, & rougiffez de vous-même. *Elle fort.*

SCENE XI.

FLORINDE, BEATRIX.

FLORINDE *à part.*

Voilà de ces coups accablans !

BEATRIX.

Avez-vous vû quelle jaloufie elle a de moi ?
Elle eft furieufe, elle enrage de mon mariage ;
elle voudroit qu'il n'y en eût point d'autres que
le fien.

FLORINDE.

(Comment faire pour me délivrer des perfé-
cutions de celle-ci ?)

BEATRIX.

Puifque nous fommes feuls, mon cher Florinde, laiffez-moi vous exprimer toute la joie
que me caufe la bonne nouvelle que mon frere
m'a apprife.

FLORINDE.

Que vous a dit M. votre frere ?

BEATRIX.

Il m'a dit que vous m'aimiez réellement, & que
vous me trouviez digne d'être votre époufe.

FLORINDE *à part.*

Maudite lettre ! Dans quel labyrinthe elle me
jette !

(123)

BEATRIX.

Quand croyez-vous que notre mariage se pourra faire ?

FLORINDE.

Laissez-moi aller à Venise, je reviendrai, & nous terminerons.

BEATRIX.

Oh non, point de délais ; je ne vous laisse point aller à Venise sans moi.

FLORINDE.

Il faut que j'aille arranger mes affaires.

BEATRIX.

Je ne vous empêcherai pas de les faire.

FLORINDE.

Avant de conduire une épouse à Venise, il est indispensable que j'y aille.

BEATRIX.

Eh bien, faites autre chose : épousez-moi, ensuite vous partirez.

FLORINDE.

A part. Voyons si je puis réussir à lui faire passer la fantaisie de m'avoir pour mari. Mademoiselle, je serois très-flatté de vous épouser ; mais je ne veux pas vous tromper. Je tremble que la chose faite, vous ne vous en repentiez ; & tandis que vous êtes encore libre, j'ai résolu de m'expliquer avec vous.

BEATRIX.

Parlez ; à la bonne heure. Je ne m'embarraſſe
de rien , pourvu que je vous aye pour mari.

FLORINDE.

Sçachez donc que je ſuis d'un naturel jaloux ,
que tout me fait ombrage, m'inquiete.

BEATRIX.

Si vous êtes jaloux de moi , ce ſera une preuve
que vous m'aimez. Je ne vous donnerai aucun ſu-
jet de jalouſie , & je la ſouffrirai , même ſans raiſon , de votre part.

FLORINDE.

Je veux qu'on ne ſorte point de la maiſon.

BEATRIX.

Eh bien, je vivrai dans la retraite.

FLORINDE.

Je ne veux pas que perſonne vienne chez moi.

BEATRIX.

Il me ſuffira que vous y ſoyez.

FLORINDE.

Pour moi, j'aime à me divertir, & à me prome-
ner.

BEATRIX.

Vous êtes jeune, vous avez raiſon.

FLORINDE.

Souvent je ne reviens pas.

BEATRIX.

Lorſque vous aurez une femme , peut-être rentrerez-vous plus volontiers.

FLORINDE.

Oh, non, l'habitude est prise; j'aime à courir la nuit.

BEATRIX.

Il faudra s'y faire.

FLORINDE.

Je ne veux rien vous cacher; j'aime le jeu.

BEATRIX.

Vous ne jouerez que votre bien.

FLORINDE.

Je vais quelquefois en parties au cabaret.

BEATRIX.

Passe pour quelquefois.

FLORINDE.

Je suis homme vrai, & je dois vous avouer que j'aime à me divertir avec les femmes.

BEATRIX.

Oh, pour cela...

FLORINDE.

Vous voyez, vous voyez. Restons-en là; il vaut mieux rompre notre projet. Je suis libertin, il faut trancher le mot; une femme ne peut s'accommoder de toutes ces choses là; j'entre dans vos raisons, & je vous laisse en liberté.

BEATRIX.

Vous vous divertirez avec les femmes, mais

honnêtement...

FLORINDE.

Ma foi, je n'en sçais rien, & ne veux m'engager à rien.

BEATRIX.

Ecoutez, si vous faites mal, ce sera tant pis pour vous. S'il vous arrive quelque disgrace, ce sera votre faute. Je ne refuse pas pour cela votre main, & quel que vous soyez je vous aimerai.

FLORINDE à part.

(Peut-on être plus obstinée que cette fille-la ?)

BEATRIX à part.

(Il paroît se repentir d'avoir donné sa parole ; mais je veux absolument qu'il la tienne.)

FLORINDE.

Ecoutez le reste.

BEATRIX.

Dites ; mais tout cela n'est rien à mes yeux, en comparaison du plaisir de vous posséder.

FLORINDE.

Je suis très colére.

BEATRIX.

J'aurai beaucoup de douceur.

FLORINDE.

Je suis emporté.

BEATRIX.

Nous avons tous nos défauts.

FLORINDE.

Si par hazard il m'échappoit quelque soufflet ?

BEATRIX.

Oh, avec une femme douce & polie . . .

FLORINDE.

Vous avez raison ; l'action seroit vilaine. J'ai
le malheur d'être violent, furieux. Rompons tous,
& gardons chacun notre liberté.

BEATRIX.

Rompre, & rester en liberté ? Eh, plutôt, bat-
tez moi, tuez moi ; je veux être votre épouse.

FLORINDE.

Vous le voulez ?

BEATRIX.

Absolument.

FLORINDE.

Avec ces petits défauts que je vous ai avoués ?

BEATRIX.

Quand on aime bien, on peut tout souffrir.

FLORINDE.

Vous vous en repentirez, Mademoiselle.

BEATRIX.

Je ne le crains pas.

FLORINDE.

Jalousie, jeu, femmes, cabaret, soufflets ;
tout cela ne vous fait rien ?

BEATRIX.

Pas la moindre chose.

(128)

FLORINDE.

Vous êtes prête à tout souffrir ?

BEATRIX.

Tout, & encore plus.

FLORINDE *à part.*

(Elle me confond !)

BEATRIX.

Quand se fera notre mariage ?

FLORINDE.

(Je ne sçais plus que lui dire.) Nous en parlerons.

BEATRIX.

J'attendrai avec impatience cet heureux moment.

FLORINDE.

Comment pouvez-vous vouloir tant de bien à un aussi méchant homme ?

BEATRIX.

Au contraire, je vous regarde comme l'homme du monde le plus excellent : si véritablement vous ne valiez rien, vous ne l'avoueriez pas. Les hommes vicieux ont cela de mal, qu'ils ne se connoissent pas. Qui se connoît, ou n'est point vicieux, ou s'il l'est, il peut se corriger facilement. Votre sincérité est une vertu qui redouble mon inclination pour vous ; car si votre conduite est mauvaise, vous aurez eu le mérite de m'avoir avertie, lorsqu'il en étoit tems. Si elle est bonne, j'en serai
d'autant

d'autant plus contente. D'une façon ou d'autre enfin, que vous foyez bon ou mauvais, vous êtes à moi, & vous y ferez : pour moi je fuis à vous, & j'y ferai en dépit de qui ne le veut pas. *Elle fort.*

SCENE XII.

FLORINDE, *feul.*

CHofe étrange ! Tout m'eft contraire ! J'ai cru faire bien, & j'ai fait pis encore. Voulant me dé-barraffer, je n'ai fait que refferrer mes liens plus que jamais. Mais après tout, cette fille la eft uni-que dans fon efpèce, d'un naturel extraordinaire, prête à tout fouffrir, déterminée à tout, humble, patiente, réfignée, elle mérite d'être aimée ; & fi je n'étois pas épris de Rofaure au point où je le fuis, je commencerois tout à l'heure à avoir du goût pour une perfonne fi remplie de bonnes qua-lités. En effet, depuis un mois que je fuis dans la maifon, j'ai toujours loué & admiré fa bonne conduite. Je dois même lui rendre cette juftice, qu'étant amoureux de moi, elle n'en a parlé que le jour où mon départ étoit déclaré. Elle eft fage, modefte, bonne ; mais tout cela ne me fait rien, parce que Rofaure m'a dérobé mon cœur.

SCENE XIII.

LELIO, FLORINDE.

LELIO.

AMi, lorsque vous serez decidé de partir pour Venise, nous irons ensemble.

FLORINDE.

Comment ? Vous voulez aussi aller à Venise ?

LELIO.

Oui, je vous accompagnerai.

FLORINDE.

[Il ne manqueroit plus que d'y amener Rosaure avec lui].

LELIO.

Je vous en dirai la raison. J'ai parlé à ce vieil avare, pere de Rosaure ; il prétend n'avoir point d'argent, & ne pouvoir donner une dot à sa fille. Quoique je l'aime, je ne sçaurois ruiner ma maison : j'ai donc résolu de m'en détacher ; de faire un voyage, & de partir avec vous.

FLORINDE.

Vous voulez donc renoncer à Rosaure ?

LELIO.

Vous-même, que me conseillez-vous ? Dois-je l'épouser & me ruiner ?

FLORINDE.

Je ne puis vous donner de conseil là-deſſus ;
mais je ne ſçais comment vous aurez le courage
de renoncer à cette jeune fille.

LELIO.

Cela me coûtera beaucoup aſſurément. Mais il
faut qu'un homme d'honneur penſe à ſes affaires :
une femme coûte beaucoup ; s'il venoit des enfans,
je ſerois fort à plaindre.

FLORINDE.

Je ne ſçais que vous dire ; vous avez raiſon.
(Mais que deviendra cette pauvre fille ?)

LELIO.

C'eſt cette idée qui me tourmente. Que fera
Roſaure ? Elle paſſera miſérablement ſa jeuneſſe
auprès de ce vieil avare.

FLORINDE.

Son ſort m'attendrit. La pauvre enfant. Elle
me fait pitié.

LELIO.

Qui ſçait, ſi pour épargner ſa dot, il ne la ma-
riera pas à quelque homme de rien,

FLORINDE.

Ventre-bleu, ce ſeroit un événement bien
triſte !

LELIO.

Qui ſçait ? Peut-être avec un homme qui la
maltraitera.

i ij

FLORINDE.

O la pauvre enfant ! Il ne lui manqueroit que cela.

LELIO.

Il peut arriver qu'elle ſoit réduite à mourir de faim.

FLORINDE.

Une beauté de cette eſpèce, mourir de faim !

LELIO.

En effet elle eſt belle, honnête, aimable ; elle a toutes les bonnes qualités.

FLORINDE.

Et vous avez le courage de l'abandonner ? Allez, vous êtes un tigre.

LELIO.

Vous me conſeillez donc de l'épouſer ?

FLORINDE.

Elle eſt ſi belle !

LELIO.

Et à cauſe de ſa beauté il faut que je me ruine ſans reſſource ?

FLORINDE.

Mon ami, vous avez raiſon.

LELIO.

Il faut faire un effort, & y renoncer.

FLORINDE.

Votre parti eſt donc pris ?

LELIO.

Je l'ai dit, & je n'y reviens plus.

(133)

FLORINDE.

Vous abandonnerez Rosaure ?

LELIO.

Cela est décidé.

FLORINDE.

Et le Ciel sçait en quelles mains elle tombera.

LELIO.

Son pere l'a rendra malheureuse.

FLORINDE.

Elle peut être maltraitée. Elle peut mourir de faim.

LELIO.

Cela n'est que trop vraisemblable , si le Ciel ne l'en préserve.

FLORINDE.

Et si le Ciel venoit à son secours , vous en seriez bien aise ?

LELIO.

Je contribuerois à sa fortune avec mon sang.

FLORINDE.

Auriez-vous le courage de la voir marier à un autre ?

LELIO.

Puisque je ne puis la posséder , je souffrirois moins si je la voyois bien établie.

FLORINDE.

Vous n'en seriez point jaloux ?

LÉLIO.

Je n'en aurois aucun sujet.

FLORINDE.

Cela ne vous affligeroit pas ?

LÉLIO.

L'amour céderoit à la compassion.

FLORINDE.

Et si un de vos amis l'épousoit ? Cela vous feroit-il plaisir ?

LÉLIO.

Assurément dans ma peine, je ne pourrois recevoir plus de consolation.

FLORINDE.

Lélio, si par exemple... Etablissons une supposition ; si par exemple ... je l'épousois moi ?

LÉLIO.

Vous ne le pouvez.

FLORINDE.

Pourquoi non ?

LÉLIO.

Parce que vous avez promis d'épouser ma
sœur.

FLORINDE.

Mais supposons que ... par exemple, je n'aie
rien promis à votre sœur.

LÉLIO.

Si vous ne lui avez pas promis, vous m'avez
promis à moi.

FLORINDE.

Il est vrai qu'il paroît que j'ai promis ; mais si ç'étoit une équivoque ?

LELIO.

Comment une équivoque ? Votre Lettre vous décele.

FLORINDE.

Si, par exemple, cette lettre n'étoit point écrite à Béatrix.

LELIO.

Eh par exemple, à qui pourriez-vous l'avoir écrite ?

FLORINDE.

Il se pourroit que je l'eusse écrite.... à Rosaure.

LELIO.

Comment ? Vous amant de Rosaure ? Vous rival de votre ami ? Vous commettez une pareille action contre toutes les loix de l'amitié ? Je conçois à présent pourquoi Rosaure ne pouvoit plus me voir.

FLORINDE.

Dites-moi, Lelio, avez-vous encore cette lettre ?

LELIO.

La voilà.

FLORINDE.

Prenez la peine de la relire un peu.

LELIO.

Vous convenez donc de l'avoir écrite à Rofaure?

FLORINDE.

Oui , je la lui adreſſois : mais écoutez ce qu'elle
porte ; que je pars , que je l'aime , que je ſçais
ſes ſentimens pour moi ; mais que je ſuis un homme d'honneur , un ami fidele , & que pour ne pas
trahir les loix de l'hoſpitalité je ſuis déterminé à
partir. Si j'avois pû finir la lettre , j'aurois ajouté
qu'il ne convenoit pas d'entretenir un pareil
amour , qu'elle devoit penſer à l'époux qui lui
étoit deſtiné , & qu'elle ne penſe ſeulement plus
que je ſois au monde. Pouvez - vous , Lelio, vous
croire offenſé ? Ai-je manqué à mon devoir , aux
bonnes loix de la véritable amitié ? J'ai pris de
l'amour, il eſt vrai , mais c'eſt vous qui en êtes
la cauſe. Vous m'avez introduit dans la maiſon ;
vous m'avez donné le tems , la liberté : avec un
autre caractere que le mien , j'aurois pû profiter
de l'occaſion , chercher à ſatisfaire mon amour ,
& peut-être déja ſeroit-elle mon épouſe. Mais je
ſuis un honnête homme & votre ami ; mes procé-
dés ont été tels qu'ils devoient être. Aujourd'hui
je vous vois réſolu de renoncer à ce mariage
par la crainte de déranger votre fortune ; je vois
qu'abandonnée de vous, Roſaure peut tomber entre
des mains indignes d'elle ; l'amour , le zèle , la

compaſſion ne m'ont plus permis de diſſimuler.
Si j'ai manqué , corrigez-moi : ſi j'ai raiſon , ap-
prouvez-moi. Si vous m'aimez , embraſſons-nous ;
ſi je vous ai déplû , je m'en répens , je me retire &
vous en demande pardon.

LELIO.

Mon cher ami , vous êtes le modele de la véritable amitié : vous ne pouviez faire davantage,
pour me procurer votre fidélité. J'excuſe votre
amour, j'admire votre vertu. Si vous aimez Roſaure , ſi ſa pauvreté ne vous rebute point , épouſez-la , j'y conſens ; la voyant à vous , ma peine en
ſera moins grande.

FLORINDE.

Mais vous auriez trop de peine à y renoncer.

LELIO.

Elle ne peut être à moi : il faut qu'elle ſoit
votre épouſe ou celle d'un autre.

FLORINDE.

Puiſqu'il eſt ainſi . . . .

LELIO.

Puiſqu'il eſt ainſi , épouſez-la.

FLORINDE.

Et que dira votre ſœur ?

LELIO.

Qu'elle s'eſt trop laiſſé abuſer par une équivoque.

(138)

FLORINDE.

Lélio, faites bien vos réfléxions, prenez garde de vous en repentir.

LELIO.

Cela ne peut arriver.

FLORINDE.

J'estime votre amitié au dessus de tout : pour vous, s'il le faut, je renonce à l'amante, à la vie même.

LELIO.

Plus vous êtes mon ami, plus je la verrai volontiers votre épouse.

FLORINDE *à part.*

L'amitié est belle & bonne ; mais aussi-tôt mariés, je l'emmene.

SCENE XIV.

OCTAVE, FLORINDE, LELIO.

OCTAVE.

MEssieurs, que faites-vous à cette heure ? Sçavez-vous qu'il fait nuit depuis deux heures ? Les lumieres se consument inutilement, & je n'a point d'argent à jetter par les fenêtres.

LELIO.

Mon cher M. Octave, nous avons à vous parler d'une affaire qui vous fera plaisir.

O C T A V E.

Le plaisir est fini pour moi, rien ne m'en donne plus.

L E L I O.

C'est une chose qui pourra vous procurer de grands profits.

O C T A V E.

Ainsi fasse le Ciel, car j'en ai un grand besoin. Attendez ; éteignons une de ces chandelles ; trop de lumieres font mal aux yeux.... *Il en éteint une.*

L E L I O.

Seigneur Octave, j'ai à vous parler par rapport à votre fille.

O C T A V E.

De ma fille ? à la bonne heure, pourvu qu'il ne soit point question de dot.

L E L I O.

Pour moi, vous sçavez que je ne suis point en état de l'épouser sans dot.

O C T A V E.

Parce que vous êtes un avare.

L E L I O.

Comme vous voudrez : mais comme j'aime Rosaure réellement, je vous propose moi-même une occasion favorable de la marier sans dot.

O C T A V E.

Sans dot ?

L E L I O.

Oui sans dot.

OCTAVE.

Qui eſt l'honnête homme qui ſçait ſi bien rendre juſtice au mérite de ma fille ?

LELIO.

Le voilà ; c'eſt Florinde. Il eſt riche & ſans pa-
rens. Il deſire de l'avoir pour épouſe. Je lui céde
mes prétentions : j'eſpere que Mademoiſelle votre fille en ſera contente. Il ne manque pour conclure que votre conſentement.

OCTAVE.

Ah mon cher Florinde, que je vous aime ! Vous
la prendrez ſans dot ?

FLORINDE.

Oui, Monſieur, j'aime votre fille, & je n'ai pas
beſoin de fortune.

OCTAVE.

Je ne lui puis rien donner.

FLORINDE.

C'eſt ce qui ne m'importe en aucune façon.

OCTAVE.

Vous lui donnerez tout ce dont elle a beſoin.

FLORINDE.

Tout.

OCTAVE.

J'ai une petite confidence à vous faire. Ces mé-
chans habits qu'elle porte, elle les a pris à crédit,
& je ne ſçais comment faire pour les payer : il
faudra que je les rende à celui qui les a fournis.

FLORINDE.

Eh bien, nous lui en donnerons de neufs.

OCTAVE.

N'auriez-vous point de répugnance à lui donner un peu de contredot.

FLORINDE.

A cet égard nous en causerons.

OCTAVE.

Lélio, faites-moi un plaisir ; allez chercher ma
fille, conduisez-la ici, & pendant ce tems Monsieur & moi nous écrirons deux mots.

LELIO.

J'y vais.

FLORINDE.

Ami, où allez-vous ?

LELIO.

Chercher Rosaure.

FLORINDE.

Et vous lui aprendrez vous-même cette nouvelle?

LELIO.

Cela me coutera, mais je le ferai. *Il sort.*

SCENE XV.

FLORINDE, OCTAVE.

FLORINDE.

S'Il en étoit véritablement amoureux, il ne prendroit pas si facilement son parti.

OCTAVE.

Allons Florinde, un petit mot d'écrit.

FLORINDE.

Je suis ici pour faire tout ce que vous voudrez.

OCTAVE *tirant de sa poche le morceau de papier qu'il a trouvé à terre.*

Ce morceau de papier suffira : voilà comme toutes choses trouvent leur place.

FLORINDE.

Il ne pourra contenir grand'chose.

OCTAVE.

J'écrirai menu ; tout y entrera. Approchons la table de ce côté : l'air qui passe par les fentes de cette fenêtre fait couler la chandelle. (*Il approche la table.*) Asséyons-nous. (*Il écrit.*) „ Le Seigneur „ Florinde des Ardents promet d'épouser Demoi-„ selle Rosaure Aretusi, sans dot, sans aucune dot, „ sans aucune prétention de dot, renonçant à toute „ action & droit qu'il pourroit avoir pour la dot, „ déclarant n'avoir pas besoin de dot, & ne „ pas vouloir de dot.

FLORINDE.

A force de dot, vous avez rempli le papier.

OCTAVE.

,, Item, s'engage de l'époufer fans habits, fans
,, linge, fans rien & fans aucune chofe, la prenant
,, & l'acceptant comme elle eft née : promettant
,, en outre de lui donner une contre-dot. ,, ...
Combien voulez-vous lui donner de contre-dot?

FLORINDE

Je n'entends pas donner cette contre-dot.

OCTAVE.

Oh, fans contre-dot rien de fait.

FLORINDE.

Allons, combien voulez-vous que je donne?

OCTAVE.

Six mille écus.

FLORINDE.

Oh, c'eft trop, Monfieur Octave.

OCTAVE.

A ce que je vois, vous êtes auffi un peu
avare.

FLORINDE.

Oui, Monfieur, je le fuis.

OCTAVE.

Je ne veux point marier ma fille à un avare.

FLORINDE

Certes, vous avez raifon ; car elle eft fille
d'un homme généreux.

OCTAVE.

Ah , si j'en avois les moyens , vous verriez si je serois généreux. Mais je suis pauvre ; une fois dans ma jeunesse je dépensai jusqu'à quatre livres dans un jour , pour donner à dîner à quatre amis.

FLORINDE.

Ventre-bleu , c'est outre mesure.

OCTAVE.

Je serois bienheureux aujourd'hui d'avoir ces quatre livres.

FLORINDE.

Après tant d'années vous pleurez encore quatre livres ?

OCTAVE.

Je les pleurerai éternellement. Mais finissons : à combien portez-vous la contre-dot ?

FLORINDE.

(Après tout , la somme me restera , qu'importe ?) Je consens aux six mille écus.

OCTAVE.

,, Promettant de lui donner en contre - dot six ,, mille écus, & iceux les payer comptant, dans ,, la stipulation du contract, au sieur Octave son pere . . .

FLORINDE.

Et pourquoi vous les payer ?

OCTAVE.

OCTAVE.

Le pere eſt l'adminiſtrateur legitime des biens de ſa fille.

FLORINDE.

Et le mari eſt l'adminiſtrateur des biens de ſa femme. On ne ſtipule la contre-dot qu'en cas de mort, ou de ſéparation.

OCTAVE.

Mais moi, il faut que je vive ſur la contre-dot de ma fille.

FLORINDE.

Par quelle raiſon ?

OCTAVE.

Parce que je ſuis pauvre & miſérable.

FLORINDE.

Certainement, les ſix mille écus ne paſſeront point entre vos mains.

OCTAVE.

Faites une choſe, chargez-vous de mon entre-tien.

FLORINDE.

Si vous voulez venir à Veniſe avec moi, vous en êtes le maître.

OCTAVE.

Soit, nous verrons. (Mais la caſſette ? . . . je ne pourrai la porter avec moi . . . & l'argent que j'ai prêté à intérêt ? . . . Non il faut reſter.) Faites une choſe ; donnez-moi cent doubles piſtoles & gar-dez la contre-dot.

k

FLORINDE.

A ce que je vois, vous voulez faire de votre fille une marchandife.

OCTAVE.

Je fuis fort pauvre : je ne fçais comment faire pour vivre. Envoyez-lui des chemifes.

FLORINDL.

Cela fe fera.

OCTAVE.

Envoyez-moi la toile. Colombine fera les chemifes. (& j'en ferai faire quatre pour moi.)

FLORINDE.

Volontiers ; & fi vous le permettez, j'enverrai quelque chofe ; & nous dînerons en compagnie.

OCTAVE.

Non, non ; donnez-moi ce que vous voulez dépenfer ; & je pourvoirai à tout. Si je vais au marché, vous verrez, les beaux œufs, les légumes admirables, l'excellent mouton ! Vous en ferez furpris.

SCENE XVI.

LELIO, ROSAURE, FLORINDE, OCTAVE.

LELIO.

Florinde, voici votre épouse.

FLORINDE.

Ami, vous souffrez, vous ressentez de la douleur ? Parlez, il en est tems encore.

LELIO.

Epousez-la, vous êtes digne d'elle ; elle est
digne de vous. J'avoue que je ne puis y renoncer
sans peine ; mais j'y suis forcé. Epousez-la donc,
& moi pour ne pas m'exposer à de nouveaux
tourmens je m'en irai.

FLORINDE.

Restez. Où allez-vous ?

LELIO.

Je vais détromper ma sœur, qui ne cesse de se
flatter que vous serez à elle.

FLORINDE.

Je la plains véritablement.

LELIO.

Il est vrai, que ma sœur & moi nous sommes
deux personnes malheureuses ; nous méritons de
la compassion & de la pitié.

S C E N E   X V I I.

FLORINDE , ROSAURE , OCTAVE.

FLORINDE.

AH Ciel ! Comment puis-je souffrir la douleur d'un ami si cher ?

ROSAURE.

A vous voir, il me semble que vous êtes plus
amoureux de votre ami que de moi.

FLORINDE.

Chere Rosaure , mon ami a aussi des droits
sur mon cœur.

ROSAURE.

Lélio ne peut épouser une femme sans dot :
si vous m'abandonnez , le Ciel sçait ce que je de-
viendrai.

FLORINDE.

Voilà ce qui m'encourage , ce qui soutient mon
amour contre la violence de l'amitié.

OCTAVE.

Allons, finissons, signons : le tems passe , & la
chandelle se consume.

ROSAURE.

Avez-vous encore des difficultés ? Ah Florinde,
je crains que vous ne m'aimiez foiblement.

FLORINDE.

Je suis prêt, signons sur le champ.

SCENE XVIII.

LES PRECEDENS, COLOMBINE, *une lumiere
à la main. Elle la pose sur la table.*

COLOMBINE *ésoufflée.*

AH, Monsieur !

OCTAVE.

Qu'y a-t'il ?

COLOMBINE.

Un malheur.

OCTAVE.

Quoi donc, que s'est-il passé ?

COLOMBINE.

Votre cassette.

OCTAVE.

Je n'en ai point de cassette ?

COLOMBINE.

Vous n'avez point de cassette.

OCTAVE.

Non, non, je te dis que non.

COLOMBINE.

Dès que vous n'avez point de cassette, je n'ai
plus rien à vous dire.

OCTAVE.

(Malheureux que je suis ! s'ils l'avoient trou-
vée !) Eh bien, dis-moi promptement qu'est-il
arrivé ?

COLOMBINE.

Trappola a découvert dans la salle sous la tapisserie, une petite fenêtre qui donne dans votre chambre.

OCTAVE.

Dans ma chambre ? Où je couche ?

COLOMBINE.

Oui, Monsieur, & avec une échelle il a grimpé en haut, & avec une corde il s'est glissé en bas.

OCTAVE.

Dans ma chambre ? où je couche ?

COLOMBINE

Oui, où vous couchez. Il a ouvert la porte en dedans.

OCTAVE.

De ma chambre.

COLOMBINE.

De votre chambre ; & il a traîné dehors une cassette.

OCTAVE.

O Ciel ! Ma cassette, ma cassette.

COLOMBINE.

Mais si vous n'avez point de cassette ?

OCTAVE.

Ah pauvre infortuné ! Je suis mort. Où est-il allé ? Où l'a-t'il portée ?

COLOMBINE.

Il en a forcé la serrure.

(151)
OCTAVE.

Ah pauvre caſſette ! Pauvre caſſette ! Et puis ?
Et puis ?
COLOMBINE.
Monſieur Lelio eſt arrivé, & l'a arrêté.
OCTAVE.
Vîte, qu'on ſe dépêche…. Au ſecours…. Venez
avec moi, Florinde … mais non, je ne veux de
perſonne, Lelio me volera…. Ah maudit Trappola !… Ah pauvre caſſette !… Pauvre caſſette !…
Vîte à moi, à l'aide, au ſecours, je n'en puis
plus ; *Il ſort & en partant il éteint une chandelle.*

SCENE XIX.
ROSAURE, FLORINDE, COLOMBINE.

ROSAURE.
SUivons-le, voyons ce que c'eſt.
FLORINDE.
Allez, je vous attends ici.
ROSAURE.
Venez donc avec nous.
FLORINDE.
Je vous prie de m'en diſpenſer.
ROSAURE.
Vorre amour eſt bien ſingulier. De deux
Amans qui ſoupiroient pour moi, je ne ſçais
encore du quel je puis me loüer… *Elle ſort.*

SCENE XX.

FLORINDE, COLOMBINE.

COLOMBINE.

JE veux voir auffi....

FLORINDE.

Colombine, qu'eft-ce que tout cela veut dire ?
A-t'on réellement découvert une caffette ?

COLOMBINE.

Ah, il y a du tems que je fçavois qu'elle y étoit. Il y en a même deux ; l'une pour l'or, l'autre pour l'argent.

FLORINDE.

Et Rofaure le fçavoit-elle auffi ?

COLOMBINE.

Sans doute, elle le fçavoit.

FLORINDE.

Elle feignoit cependant d'être pauvre ?

COLOMBINE.

Oh, je fçais bien pourquoi.

FLORINDE.

Pourquoi, Colombine, pourquoi ?

COLOMBINE.

Afin de n'être point mariée avec M. Lélio.

FLORINDE.

Cela peut être ainfi.

COLOMBINE.

Oh, c'est la véritable raison, il n'y en a point d'autre. Monsieur, si vous voyiez combien d'or!

FLORINDE.

L'avez-vous vû ?

COLOMBINE.

Oui, je l'ai vû.

FLORINDE.

Mais quel étoit le dessein de Trappola ?

COLOMBINE.

Je crois qu'il vouloit voler ; mais M. Lélio l'a découvert.

FLORINDE.

Allez Colombine ; voyez si votre maîtresse n'a besoin de rien.

COLOMBINE.

J'y cours ; je veux revoir cet or. En vérité, le cœur me danse de joie lorsque j'en vois.

SCENE XXI.

FLORINDE *seul*.

LA découverte de ce trésor, la richesse de Rosaure, voilà un événement qui doit changer l'aspect de toutes choses, & qui exige de nouvelles réflexions. Lelio ne me cédoit Rosaure que parce qu'il la croyoit pauvre. A présent il est évident qu'elle est riche malgré son pere. Son avarice, ne peut plus lui refuſer une dot ; & ſi je l'épouſe, je prive mon ami, non-ſeulement d'une perſonne qu'il aime, mais encore d'une grande fortune. Mon amour devient plus coupable que jamais ; il devient intéreſſé, & je ſuis prêt à commettre un vol, & à le commettre envers l'ami le plus cher que j'aye au monde. Que dois-je donc faire ? Comment, en pareil cas eſt-il deux partis à prendre ? Que Lélio épouſe Roſaure, qu'il jouiſſe de la dot, que ſon cœur ſe conſole, qu'il repare le dérangement de ſa maiſon. Mais comment remédier à un mal déja fait ? Lélio a rompu l'engagement avec le pere de Roſaure.... N'importe ; l'écrit ſubſiſte encore ; il peut en exiger l'exécution. Cependant, j'ai promis de mon côté à Octave d'épouſer ſa fille ſans dot ; l'accord eſt dreſſé.... Après tout, il n'eſt pas encore ſigné, il n'oblige perſonne. Lélio eſt un galant homme, il voudra ſans doute tenir la parole qu'il m'a donnée, & m'obliger à épouſer Roſaure.... Mais un peu par mes diſcours, un peu avec les piſtoles d'Octave, nous le mettrons à la raiſon. La plus grande difficulté ſera de perſuader Roſaure. Elle m'aime, & aux termes où en ſont nos affaires, il ne ſera pas facile de l'appaiſer. Je ne vois que deux moyens capables de plier ſa volonté & de l'engager à donner la main à Lélio. Le premier de lui repréſenter ſon devoir : le ſecond, de lui ôter toute eſpérance de m'avoir pour époux. Pour l'un de ces moyens, il faut des paroles ; & pour l'autre, des faits. Allons ferme, courage, il faut ici une action héroïque : il faut que l'amour céde à l'amitié ; & tout employer pour conferver cet honneur qui eft la vie de l'honnête homme, & le meilleur capital des hommes bien nés.

SCENE XXII.

BEATRIX, FLORINDE.

BEATRIX *avec triftelle.*

Monfieur.

FLORINDE.

Mé voici à vos ordres.

BEATRIX *lui donnant un ftilet.*

Tenez.

FLORINDE.

Que voulez-vous que je faffe de ce ftilet ?

BEATRIX.

Tuez-moi.

FLORINDE.

Vous tuer ! Et pourquoi ?

BEATRIX.

Parce que j'ai fçu que vous allez époufer Rofaure.

FLORINDE.

Et c'eft pour cela que vous voulez mourir ?

BEATRIX.

Oui, j'ai réfolu d'être à vous, ou de mourir.

FLORINDE *à part.*

En vérité, elle me fait pitié.

BEATRIX.

Tuez-moi, vous dis-je, fi vous voulez vous délivrer d'une femme qui vous tourmentera toute votre vie.

FLORINDE.

Quoi, même à Venife ?

BEATRIX.

Oui, je vous fuivrai à Venife, & par-tout l'Univers.

FLORINDE *à part.*

Cet amour-la me fait dreffer les cheveux.

BEATRIX.

Si vous fçaviez combien je vous aime, vous auriez pitié de moi.

FLORINDE.

N'êtes-vous pas offenfée de l'erreur que j'ai laiffé établir ; que j'aye feint de vous defirer pour femme pour cacher un autre amour ?

BEATRIX.

De vous rien ne m'offenfe, rien ne me déplaît. Si vous m'aimez, j'oublie tout ; fi vous ne m'aimez pas, je prendrai patience.

FLORINDE.

(Je ne crois pas qu'il y ait au monde une avanture pareille à celle-ci. Voilà l'occasion de faire un bien pour rémédier à deux maux.)

SCENE XXIII.

LELIO, BEATRIX, FLORINDE.

LELIO.

AMi, je me réjouis avec vous.

FLORINDE.

Avec moi ? Et de quoi ?

LELIO.

J'ai vû la caffette d'Octave : il y a de l'or en grande quantité. Rofaure fera riche, & vous jouirez d'une fi belle fortune.

FLORINDE.

Lélio, il y a long-tems que nous nous connoiffons, nous avons prefque grandi enfemble à Venife ; mais permettez-moi de vous dire, que vous me connoiffez mal, & que vous m'eftimez peu. Comment ? Vous me croyez capable d'une baffeffe, d'une action indigne ? Non, il n'en fera jamais rien. Florinde efthomme d'honneur ; Florinde vous aime ; Florinde eft ami fidéle. Rofaure eft riche ; Rofaure fera à vous, elle & fes richeffes. Ne croyez pas que ce foit une feinte ; ne croyez pas que je puisse m'en répentir. Remarquez ce que je vais faire, quelle sûreté je vais vous donner de de ma fidélité & de ma tendresse. Si votre sœur ne refuse point ma main, je la lui donne en ce moment, en votre présence, & je suis son époux.

BEATRIX *lui prend la main avec vivacité.*

Si je ne la refuse point ! Eh comment ?

LELIO.

O mon ami, vous me surprenez, vous m'enchantez, vous me comblez de la joie la plus parfaite. J'aimai toujours Rosaure ; & aujourd'hui qu'elle peut faire ma fortune, je l'avoue, elle me plaît encore plus. Je vous l'ai cédée, je ne puis retirer ma parole ; mais si vous êtes assez généreux pour me la rendre, je reconnois en vous mon bienfaiteur, mon cher ami.

BEATRIX.

Oui, mon frere, il vous la rend, il veut vivre avec sa Beatrix.

LELIO.

Mais, mon cher Florinde, vous l'épousez, parce que vous vous croyez engagé?

BEATRIX.

Vous n'y pensez pas ; il m'épouse parce qu'il m'aime.

FLORINDE.

Oui, j'ai connu trop tard le mérite de Beatrix ;

je l'aime. Sa bonté, sa patience sont dignes de ma tendresse.

B E A T R I X à Florinde.

Dites-moi, avez-vous tous ces vices dont vous m'avez fait la confidence ?

F L O R I N D E.

J'espere que non, & si j'en ai quelques-uns, je m'en corrigerai.

B E A T R I X.

Je vous recommande surtout de corriger celui de passer les nuits hors de chez-vous.

F L O R I N D E.

Nous verrons. Mais Lelio, comment s'est passée l'affaire de la cassette ?

L E L I O.

Je suis arrivé à propos. Trappola s'est enfui, & j'ai vû une grande quantité de piéces d'or. L'avare est arrivé, & de force il a traîné son coffre fort dans sa chambre. Dans la rage, la douleur le desespoir qui l'agitoient, il est tombé deux fois. Il écumoit ; enfin, il s'est jetté par terre, il a embrassé sa cassette.... Mais Rosaure vient ; comment nous y prendrons-nous ?

F L O R I N D E.

Laissez-moi faire ; je trouverai le moyen de l'appaiser, & de l'engager à vous épouser.

SCENE XXIV.

ROSAURE ET LES PRECEDENS,

AH Florinde ! Ah Lelio, mon pauvre pere est
mort.

FLORINDE.

Il est mort ! (*A Lélio*), Ami, la chose en va
d'autant mieux pour vous.

LELIO.

Il est mort ! *A Rosaure*, Qui a les clefs de sa
cassette ?

ROSAURE.

Le pauvre infortuné ! Trappola a été son bour-
reau. Hélas ! Je sens mon cœur se déchirer.

FLORINDE.

Mademoiselle, je partage la douleur que vous
ressentez de la mort d'un pere, la nature doit
avoir son cours : mais permettez-moi de vous
faire un petit discours. Dans ce monde nous faisons nous-mêmes notre destinée, & le plus souvent nos propres vices nous châtient, nous con-
duisent à la mort. L'avarice d'Octave a été cause
qu'un domestique découvrant son trésor, a cherché
à le voler ; ce vol a été la cause de sa mort : ainsi
c'est l'avarice qui l'a tué, & le Ciel s'est servi de
ce vice même pour l'en punir. Vous voyez donc
que

que la richeſſe eſt un néant, que la vie ne tient qu'à
un fil, que tout finit, qu'il faut tout quitter. La
ſeule choſe qui nous reſte, eſt auſſi la ſeule qui
puiſſe nous rendre heureux & contens ; c'eſt une
conduite honnête, ce ſont les bonnes actions &
la vertu qui nous font triompher de nos paſſions.
Vous êtes riche à préſent, mais ces biens peuvent
diſparoître d'un moment à l'autre : vous êtes jeune
& belle, mais toutes ces choſes paſſent & finiſſent.
Le Ciel vous offre en ce moment une belle occaſion d'employer votre prudence, votre courage,
votre réſignation à ſes volontés. Par ma parole
d'honneur, par la reconnoiſſance & le devoir
j'ai épouſé Beatrix : ainſi, il eſt ſuperflu que vous
continuiez à fonder des eſpérances ſur notre mariage. Comment me direz-vous avoir changé dans
un moment ? Vous me trompiez donc en parlant de m'épouſer, ou bien vous êtes le plus inconſtant de tous les hommes ? A cela je réponds :
non, je ne vous trompois point, je ne ſuis point
inconſtant. Les circonſtances ont changé, & j'ai
dû changer avec elles. Lorſqu'on vous croyoit
pauvre, Lélio ne pouvoit vous épouſer, & je
vous offrois ma main par amour & par compaſſion.
Mais à préſent que vous voila riche, le premier
engagement ſubſiſte. Toutes les loix du palais &
de l'honneur veulent que vous épouſiez Lelio,

lequel n'a point renoncé à vous, parce qu'il manquoit d'amour; l'extrême nécessité seule l'y a forcé. J'ai fait mon devoir, vous devez faire le vôtre. Apprenez de moi à vaincre, à surmonter une passion. Chere Rosaure, je vous ai beaucoup aimée; cependant, pour conserver l'honnêteté, pour ne pas trahir un ami, j'ai tout immolé à l'honneur. J'ai épousé une jeune personne digne de ma tendresse : avec le tems je connoîtrai encore mieux ce qu'elle mérite, & mon devoir. Déterminez-vous donc aussi à vous unir à Lelio. Rougissons tous deux de notre foiblesse passée; & faisons enforte qu'un acte de justice effaçant le souvenir de nos amours, rende le triomphe de notre vertu plus noble & plus glorieux.

L E L I O à part.

Il a parlé comme Ciceron.

R O S A U R E.

Hélas ! troublée d'un côté par la mort de mon pere ; de l'autre, par un discours si peu attendu, je ne sçais où j'en suis.

F L O R I N D E.

Prenez conseil de la prudence, & tout ira bien.

R O S A U R E.

Cruel, vous m'abandonnez ?

FLORINDE.

Le devoir m'a obligé d'épouser Béatrix.

BÉATRIX.

Oui, l'amour l'y a forcé, malgré tous les efforts que vous avez faits pour me l'enlever.

ROSAURE.

Que ferai-je, infortunée, seule, privée de secours, de conseils ?

FLORINDE.

Voici Lélio : il vous aidera, il vous conseillera.

ROSAURE.

Lélio sera fâché contre moi.

LELIO.

Non, chere Rosaure, je n'ai point de raisons de l'être. Je serai à vous, si vous y consentez.

ROSAURE *à Florinde.*

Puis-je l'épouser au moment que mon pere expire ?

FLORINDE.

Il suffit que vous lui en fassiez la promesse, que vous la confirmiez ; le reste se fera avec le tems.

ROSAURE.

O Ciel !

LELIO.

Allons, chere Rosaure, donnez-moi la main pour gage de votre amour & de votre fidélité.

ROSAURE.

Oui, la voilà. Florinde m'apprend à le faire. S'il ne m'a pas aimée, je ne dois avoir aucune peine à m'en détacher. S'il m'a aimée, & qu'il renonce à moi par vertu, je ne dois pas être moins forte que lui. S'il souffre en silence, je cacherai aussi ma douleur. Enfin, Lélio, de toutes manieres nous serons unis. Voilà ma main ; avec elle acquerez des droits sur mon héritage. Si vous avez de la discrétion & de la prudence, avec le tems vous posséderez mon cœur en entier.

LELIO.

J'espere m'en rendre digne. *à part*. Pour ce moment la possession de ses richesses n'est pas peu de chose.

BEATRIX.

Ma belle-sœur, je vous félicite.

ROSAURE.

Je prends également part à votre bonheur.

BEATRIX.

On m'a épousée par compassion.

ROSAURE.

Je prends un mari par nécessité.

FLORINDE.

Beatrix, partons promptement pour Venise. A vous dire le vrai, je ne me trouve pas bien à Bologne. Une raison physique pourroit troubler

(165)

la belle leçon de morale que j'ai faite à Rosaure.
Lélio , je vous demande pardon si je vous ai
offensé par imprudence. Je supplie Rosaure d'excuser la foiblesse qui m'avoit engagé avec elle.
Pour vous , ma chere épouse , ce cœur est à vous ;
mais trouvez bon que j'en laisse un peu à chacune
de ces deux personnes. Je pars donc en laissant une
partie de mon cœur ; elle sera remplacée par une
marque d'honneur qui fera connoître au monde
les devoirs d'un véritable ami.

Fin de la Comédie.